MARGARITA OSL

Stimmen die mich leiten

Mein medialer Weg

novum pro

Dieses Buch ist auch als e-book erhältlich.

Bibliografische Information
der Deutschen Nationalbibliothek:

Die Deutsche Nationalbibliothek
verzeichnet diese Publikation in
der Deutschen Nationalbibliografie.
Detaillierte bibliografische Daten
sind im Internet über
http://www.d-nb.de abrufbar.

Gedruckt in der Europäischen Union
auf umweltfreundlichem, chlor- und
säurefrei gebleichtem Papier.

© 2024 novum Verlag

ISBN 978-3-7116-0063-9
Lektorat: Andrea Pichler
Umschlagabbildung:
Dipl. Theol. Marion Feldhaus
Umschlaggestaltung, Layout & Satz:
novum Verlag

www.novumverlag.com

Druckprodukt mit finanziellem
Klimabeitrag
ClimatePartner.com/16547-2311-1001

Vorwort

Dieses Buch basiert auf meiner persönlichen Erfahrung, die ich gerne auf diesem Weg weitergeben möchte.

In diesem Buch soll ein Einblick in meine Arbeit, die ich erst nach vielen Jahren real aufgenommen habe, über das, was man nicht sieht, gegeben werden.

Weiter möchte ich einen großen Dank an drei besonderen Menschen richten, die mich bei meinem Buch unterstützt haben.

Meiner Freundin Monika, die immer für Fragen ein offenes Ohr und die richtige Antwort hatte.

Irene, die es erst ermöglichte, meine Fähigkeit in die Öffentlichkeit zu bringen und mich mit vielen neuen Erfahrungen und mit ihrer Zusammenarbeit gesegnet hat.

Einen ganz persönlichen Dank möchte ich meinem Sohn Sebastian aussprechen, der die Korrektur übernahm und mit voller Unterstützung, an meiner Seite war.

Vielen Dank

Inhaltsverzeichnis

Meine Arbeit als Medium

Ein Medium ist ein Vermittler zwischen Dies- und Jenseits.

Ich stelle sozusagen eine Verbindung durch meinen Geistführer zu den Verstorbenen her.

Ich bin nur ein Werkzeug der geistigen Welt. Ich arbeite für die geistige Welt.

Man wird als hellsichtig geboren oder man erlernt es sich.

Ich wurde damit geboren und von der geistigen Welt ausgesucht. Jedenfalls wurde es so von meinem Geistführer mitgeteilt.

Manche hellsichtigen Menschen wollen oder müssen noch ihre Fähigkeit in Kursen oder Seminaren erweitern und entwickeln, um ihre gestellten Aufgaben, die von der geistigen Welt geplant sind, zu erfüllen.

Es ist wahr, dass jeder Mensch einen Geistführer besitzt, doch es ist nicht für jeden möglich, seinen geistigen Helfer zu hören oder durch sein Gefühl zu folgen.

Leider musste ich Menschen kennenlernen, die behaupteten, Propheten oder die Heilige Maria Mutter Gottes zu sein.

Ebenfalls machte ich in all den Jahren die Erfahrung, dass hellsichtige, hellhörige und hellfühlende Menschen in einem falschen Licht gesehen wurden.

Diese Aussagen hatte ich im Jahre 1989. Man könnte glauben, man lebt noch im Mittelalter. Aus diesem Grund, behielt ich meine Gabe für sehr viele Jahre für mich. In der heutigen Zeit, sieht es schon etwas anders aus. Das Spirituelle hat an Interesse zugenommen. Man wird besser beachtet und mit Ausnahmen sogar respektiert.

Wenn ein Kontakt hergestellt werden soll, ist es von großer Wichtigkeit sehr offen für diese Sitzung zu sein. Zweifel und keine Bereitschaft können einen Kontakt herzustellen, sehr behindern. Wenn mein Klient bereit dafür ist, bin ich es auch.

Bei einer Kontaktherstellung sehe ich den Verstorbenen mit meinem inneren Auge.

Die Seelen, die mir erscheinen, zeigen mir spezielle Merkmale, die die Verstorbenen in ihrem Leben ausmachten.

Entweder einen Ring am Finger, der deutlicher zu sehen war, als der Rest des Körpers, Kleidung, die sie gerne anhatten. Das Gesicht, die Frisur. Einen Gegenstand wie zum Beispiel ein Stock, den sie gerne zum Gehen nutzten, oder ein Musikinstrument. So, wie sie vor ihrem Ableben eben aussahen und man sie kannte. Manchmal zeigten sie sich in einer Art Nebel oder hellem Licht. Nur das, was für die Verstorbenen momentan als wichtig erscheint, wird für mich am stärksten sichtbar.

Ich empfange Bilder, Gefühle von den Seelen, die mir übermittelt werden.

Krankheiten, die sie hatten, sind meine größte Belastung. Bei Magenbeschwerden oder ständigen Kopfschmerzen, unter denen sie in ihrem Leben gelitten hatten, werden gerne bei einem Kontakt auf mich übertragen. Ich empfinde oft die gleichen Schmerzen, wie die Seele, die darunter litt.

Ebenso Gerüche, wie zum Beispiel Tabak, wenn jemand Raucher war, oder ein starkes Parfüm. Alles Dinge, die sie noch zu Lebzeiten gerne nutzten.

Was die Seelen uns übermitteln, kann ich nicht steuern. Das heißt, spezielle Fragen werden manchmal nicht beantwortet. Was allerdings sehr selten vorkommt.

Ebenso kann ich sie nicht herbeirufen wie es mir gefällt. Sie erscheinen mir so, wie es für die geistige Welt möglich ist.

Es kam auch schon vor, dass sie ein geliebtes verstorbenes Haustier begleitet hatten. Deshalb ist es nicht ungewöhnlich, wenn ich ein Haustier mit erwähne.

Die Botschaften der Verstorbenen zeigen mir Hilfen für den Kontaktsuchenden auf, nehmen Abschied oder teilen ihnen noch wichtige Dinge mit, die unausgesprochen waren.

Sie wollen nur helfen und einen liebevollen Abschluss machen.

Manchmal erscheinen sie mir, bevor der Kontaktsuchende sich bei mir meldet. Was oft keine Seltenheit ist.

Ebenfalls kann es vorkommen, dass sie sich schon vorher durch Erscheinungen im Traum oder Halbschlaf bei meinen

Klienten, die Kontakt aufnehmen wollen, melden. Durch bekannte Gerüche oder elektrische Felder wie Lampen oder Radio, die sich dann gerne selbstständig betätigen.

Es ist immer wieder eine schöne Erfahrung, einen Abschied oder ein letztes Gespräch mitzuerleben, was nicht nur für den Kontaktsuchenden eine Hilfe ist, sondern auch für die Seele, die uns besucht.

Ein Medium stellt zwar die Verbindung her, doch die Hauptperson ist der Klient, der diese Verbindung will und sucht.

Natürlich gibt es Möglichkeiten, auch ohne Klienten einen Kontakt herzustellen.

Einige Menschen baten mich, über Telefon oder per E-Mail mit ihren Verstorbenen zu reden.

Ich sage dazu: „Nein, so nicht!" Es ist ein einziges Ratespiel, denn über diese Wege kann eine verwirrende Menge an Informationen auf mich zukommen, und ich filtere sie mit sehr viel Mühe heraus.

Eine anstrengende Arbeit, die nicht sein muss.

Ein persönliches Gespräch ist mir deshalb lieber.

Ich möchte mich kurz vorstellen

Mein Name ist Margarita und ich bin ein Medium.

Ich bin das zweite Mal verheiratet und habe einen Sohn aus erster Ehe.

Mein Mann hat zwei Kinder, einen Jungen und ein Mädchen. Zu unserem Familienglück gehören noch zwei Hunde, die im Laufe der Jahre zu uns kamen.

Geboren wurde ich als eineiiger Zwilling. Meine Zwillingsschwester verstarb leider nach ihrer Geburt. In einem Zubau eines landwirtschaftlichen Hofes, mitten in einem kleinen Dorf in Bayern, kamen wir zur Welt.

Zwei Jahre verbrachte ich mit meinen Eltern, meiner älteren Schwester und meinem Bruder in diesem Dorf, bis wir in die nächste größere Stadt zogen.

Mein neues Zuhause in dieser für mich sehr aufregenden Stadt befand sich in einer Siedlung mit vielen Reihenhäusern. Unsere Wohnung war im ersten Stock eines Mehrfamilienhauses, sie wurde von der Stadt für sozial schwache und große Familien bereitgestellt.

Sie war sehr geräumig. Die Zimmer waren sehr gut aufgeteilt. Es gab einen Balkon mit Blick auf eine freie Wiese und ein Spielplatz, der von vielen Kindern genutzt wurde.

Viele Wohnungen wurden von Türken und Menschen aus dem ehemaligen Jugoslawien bewohnt. Sehr viele dieser ausländischen Nachbarn konnten die deutsche Sprache sehr gut. Wir hatten in unserer Wohngegend ein sehr gutes Miteinander und schöne Freundschaften.

Als ich vier Jahre alt war, kam mein zweiter Bruder auf die Welt, nach weiteren zwei Jahren der dritte Bruder. So hatte ich eine Familie mit weiteren vier Geschwistern. Es ist schön, in einer großen Familie aufzuwachsen, auch wenn es oftmals Reibereien gab.

Mein Vater, ein großer und kräftiger Mann, war in unserer neuen Stadt Getränkelieferant, und meine Mutter war als Reinigungskraft in der gleichen Firma, in welcher mein Vater beschäftigt war, angestellt.

Zu dieser Zeit dachte ich, ich sei „*normal*". Ein ganz normales Mädchen.

Die Sprache der Geister

Wenn die Stimmen der Seelen dir von einem auf den anderen Tag dein ganzes Leben plötzlich durcheinanderbringen, wenn das Sehen von Bildern in der Zukunft oder aus der Vergangenheit möglich ist, wenn man Vorahnungen von guten oder schlechten Geschehnissen, schon bevor sie passieren, empfangen kann, wenn ebenso Gefühle von anderen Seelen auf dich übertragen werden, weil sie sich in verschiedener Weise mitteilen wollen oder sogar zeigen, fragt man sich, kann man das alles überhaupt erklären? Ich denke, es ist mehr, als wir verstehen würden.

Es gibt Geschichten von Gespenstern und Poltergeistern. Von Dingen, die sich selbstständig bewegen wie zum Beispiel Bilder, die von der Wand fallen, obwohl der Nagel noch in der Wand steckt. Fremde Gerüche wie Tabak oder Blumen, die man ohne bestimmten Grund plötzlich riechen kann. Erscheinungen, die man kurzzeitig erkennen kann und auf einmal verschwinden, sobald wir versuchen, sie gedanklich wahrzunehmen. Geräusche aus dem Radio und einiges mehr. Bei so manchen Erlebnissen kommt gerne einmal das Gefühl von Unbehagen oder sogar Angst auf.

Jeder geht mit solchen Ereignissen anders um. Der eine bekommt eine Gänsehaut, der andere lässt es einfach zu, wird neugierig und möchte mehr über diese Geschehnisse erfahren.

Egal wie jeder solche Erfahrungen aufnimmt, diese Wahrnehmungen gibt es wirklich.

Warum geschehen die Dinge? Läuft da etwas schief oder ist es normal?

Sind es Engel? Sind es Seelen von Verstorbenen, die uns heimsuchen? Wenn ja, warum?

Wollen sie uns schützen und vor Gefahren bewahren? Oder etwas mitteilen?

Fragen über Fragen. Das möchte ich in meinem Buch so gut wie möglich beantworten.

Mit zehn Jahren war es keine große Sache, mit Geistern zu kommunizieren. Man ist noch unbeschwerter und neugierig. Das Wort Fantasie ist da ganz großgeschrieben.

Ein Kind in diesem Alter oder jünger findet es noch aufregend, einen Begleiter zu haben, den andere nicht wahrnehmen können. Doch wenn man älter wird, ist das Denken gewachsen und aus dem Kind wird ein Teenager und eine Frau, wie in meinem Leben. Man denkt mehr über sich selbst nach. Man hinterfragt auch mehr. Besonders, wenn man viele Dinge wissen möchte und Erklärungen für all das sucht, was man schon lange nicht mehr versteht. Es ist die Gabe, mit seinem Geistführer zu kommunizieren, die in jedem von uns steckt, aber nicht erkannt wird.

Ich habe mir diese Fähigkeit oder Gabe, mit den Engeln zu kommunizieren, nicht ausgesucht. Ich wurde ausgesucht.

Ich wollte diese Gabe nicht. Wollte sie mit allen Mitteln loswerden. Es war für mich unerträglich, oft mehrere Stimmen, die mir ständig etwas mitteilen wollten, richtig zu verstehen und zuzuordnen. Ihre Art, sich sprachlich mitzuteilen, war oft schwierig. Im ständigen Geflüster, schnell und durcheinander. Tiefe und hohe Töne in verschiedenen Stimmlagen. Weibliche und männliche Stimmen. Geräusche, als ob Schritte durch das Haus laufen, ein Klopfen, Singen, oder Rufen war zu hören.

Wenn ich versucht hatte, mich abzulenken, ohne mit den Stimmen der Engel und meinem Geistführer zu leben, war es eine große Qual für mich. Schlimmer noch, es tat richtig in meinen Empfindungen weh. Meine Gedanken und mein Handeln, alles, was ich versuchte, war, ein normales Leben zu leben. Ich konnte es nicht. Durch meine ständige Abwehr bekam ich Albträume. Fratzen, merkwürdige Gestalten und Dämonen erschienen mir. Alles war da. Ich wurde im Halbschlaf an den Haaren gezogen und mit energischer Stimme aufgefordert, das, was ich als Gabe geschenkt bekommen habe, anzunehmen.

Es war eine klare Aufforderung, das Geschenk, wie sie es nannten, zu akzeptieren.

Es dauerte zum Teil Jahre, bis ich bereit war, ein Leben mit der geistigen Welt zu teilen, und das für immer.

Geistreden, so wurde es mir mitgeteilt. Stimmen in meinem Kopf, die sich anhören, als kämen sie von außen. Ich drehte mein rechtes Ohr, und tu es noch heute, in die Richtung, wo ich denke, die Worte meines geistigen Helfers am besten zu hören.

Ich habe sehr lange Zeit damit verbracht, aus all diesen Dingen, die mir passierten, zu lernen und es zu verstehen. Doch am allerwichtigsten hieß es, *„anzunehmen"*.

Eine Gabe wie diese ist etwas, in das man reinwachsen muss. Ich bin reingewachsen.

Heute bin ich dankbar und froh, diese Gabe zu besitzen. Mit diesen Fähigkeiten, die sich mit den Jahren verstärkten, konnte ich schon vielen Menschen helfen.

Jetzt sage ich: „Danke für dieses Geschenk!"

Meine erste Erfahrung mit Engeln

Die große Veränderung, von einem Dorf in die große Stadt zu ziehen, war nicht das Einzige, was ich schon früh erfahren durfte.

Eines Tages, als ich das Alter von knapp zehn Jahren hatte, änderte sich für mich eine ganze Menge.

Sozusagen mein ganzes Leben.

Es war ein sonniger Nachmittag. Ich kann mich noch sehr gut daran erinnern. Ich hatte einen längeren Weg von der Schule nach Hause und wollte nur etwas Ruhe von den neuen, nervigen Unterrichtsstunden. Schule war für mich ein Muss, aber keine besondere Freude. Die schwere, frisch von neuen Schulbüchern vollgepackte Tasche, da ein neues Schuljahr begann, hatte mich noch mehr als sonst an diesem Tag zum Schwitzen gebracht.

Irgendwie war diesmal alles anders als sonst. Meine gewohnten Schulkameraden waren zum Teil in anderen Klassen untergebracht worden, und der neue Lehrer war mir fremd, jedoch nett.

Als ich zuhause ankam und unsere Wohnung betrat, war es sehr ruhig, und es schien niemand zuhause zu sein.

Meine älteren Geschwister waren meist unterwegs, um ihre Aufgaben zu erledigen, die unsere Mutter aufgetragen hatte, wie etwa Einkaufen. Meine drei Brüder drückten sich gerne davor und spielten lieber mit den anderen Kindern aus der Siedlung.

In den Nebenwohnungen war es ebenso ungewöhnlich ruhig. Ein komisches Empfinden, da immer ein lautstarkes Zusammentreffen mehrerer Personen in der unteren Wohnung stattfand.

Ich platzierte meine schwere Schultasche (sie war braun, aus Kunstleder und mit großen Schnallen, hatte mehr das Aussehen einer schrecklichen, hässlichen Aktentasche) in einem Bereich des Flurs, wo unsere Jacken und Schuhe ebenfalls ihren Platz fanden.

Ich stand nur still da, horchte und ließ meinen Blick in alle Richtungen der Wohnung kreisen. Wie kam es zu dieser ungewöhnlichen Ruhe?

Unser Flur war sehr lang und mit einem farbigen Sisalteppich ausgestattet. Jedes einzelne Zimmer konnte man von diesem Flur aus betreten. Nur eine Verbindung von einem Zimmer zu den anderen. Die Türen unserer Zimmer waren weiß und mit einer Glasscheibe versehen, die meist durch das Herumtollen von uns Kindern zu Bruch ging. Die Wände waren mit hässlichem künstlichen Efeu, einem Hirschkopf aus Plastik, einem alten Spiegel und Bilder mit Naturaufnahmen geschmückt. Am Ende des Flurs war das Elternschlafzimmer und rechts daneben gleich die Küche. Diese war der wichtigste Platz in unserer Wohnung. Essen, Hausaufgaben erledigen oder nur Spiele spielen waren ein großer Teil davon.

Während mein Blick noch umherwanderte, hörte ich plötzlich eine schwache Stimme, die sehr leise zu mir sagte: *„Hallo!"*

Im ersten Moment dachte ich, meine Schwester wäre doch zuhause und erlaubte sich einen Scherz. Doch es war niemand in der Wohnung.

Dann noch einmal, kaum hörbar: *„Hallo!"*

Ich antwortete ohne nachzudenken mit einem „Hallo" zurück. Ich stand regungslos da und hielt meinen Atem an. Es war still. Es kam nichts zurück.

Ich nahm an, mich verhört zu haben, und ließ es einfach so stehen.

Nach meiner Erledigung der Schulaufgaben widmete ich mich schon gedanklich dem gemütlichen und freudigen Teil vom Tag. Ich wollte mit dem Fahrrad zu meiner Freundin fahren, die nur wenige Häuser entfernt wohnte. Kurz bevor ich die Wohnung verließ, konnte ich plötzlich noch einmal diese Stimme wahrnehmen.

Es waren diesmal viele verschiedene Stimmen. Keine genauen Sätze. Ein völliges Durcheinander. Ich empfand es als lästig und unangenehm. In meinem Kopf drehte sich alles. Mir wurde schwindelig, und die Stimmen wurden immer aufdringlicher.

Dann plötzlich, als ob jemand den Schalter eines Radios ausmachte, war alles wieder still. Sehr still. Ich horchte noch eine kurze Zeit nach diesen Geräuschen oder Stimmen, doch nichts passierte.

Als meine Mutter von der Arbeit nach Hause kam, erzählte ich ihr sofort von meinem Erlebnis. Sie meinte, ich habe es mir nur eingebildet oder die Nachbarn nebenan gehört.

Ich blieb hartnäckig und redete laufend davon, noch Tage danach, so dass meine Mutter mir später zwei Bilder in einem alten Holzrahmen in mein Zimmer hängte, um mich zu beruhigen. Eines dieser Bilder war Jesus Christus, das andere von der Heiligen Jungfrau Maria, Mutter Gottes. Sie sagte, dass sie auf mich aufpassen und ich keine Stimmen mehr hören werde.

Jeden Abend sprach ich zu jenen göttlichen Bildern, die über meinem Bett hingen. Ich erzählte ihnen von meinem Tag und den Stimmen, die ich gehört hatte. Ich erzählte von meinen Wünschen, Träumen und Ängsten. Alles, was mir auf dem Herzen lag oder was sich in meinem Kopf abspielte.

Es war ein gutes Gefühl, alles jemanden zu erzählen, auch wenn es nur Bilder waren.

Wochen vergingen seit dem Erlebnis mit den merkwürdigen Stimmen, und ich dachte auch nicht mehr darüber nach.

Was mich mehr interessierte, war, mit meinen Freunden im Freien oder in der Wohnung zu spielen. Leider kam es öfter vor, dass etwas in der Wohnung oder bei Nachbarswohnungen wieder einmal zu Bruch ging, und die Strafe blieb daher nicht aus.

Meistens musste ich dafür den Kopf hinhalten, besonders, wenn etwas nach Anweisung der Eltern nicht so lief, wie sie es wollten.

Meine Bestrafung fiel deshalb, wie so oft, mit Hausarrest und Fernsehverbot aus.

Solche Tage des Verbots verbrachte ich dann in meinem Zimmer. Ich fand es oft ungerecht und jammerte laufend in Selbstgesprächen vor mich hin, und ich erzählte es meinen Bildern, der Heiligen Maria und Jesus.

Meine Mutter sah abends nach mir und erblickte, wie ich in einem dunklen Zimmer saß und mich nicht bewegte. Ich befand mich in einem vollkommen zufriedenen Zustand, wie in einem Schlafzustand.

Das Öffnen der Türe konnte ich zwar hören, doch es war für mich nicht von Bedeutung und weit weg.

Leise schloss sie wieder die Zimmertüre hinter sich und ließ mich allein.

Eine Stimme sagte mir: *„**Margarita, du besitzt das ‚Geschenk des Lebens'**".*

Es war eine ruhige männliche Stimme, die in mein rechtes Ohr flüsterte. Ich spürte weder Angst, noch war ich darüber erschrocken, und in diesen Moment wurde alles ausgeblendet.

Zögernd fragte ich: „Wer bist du?"

*„**Der, welcher dich in Zukunft begleitet.**"*

„Bist du Jesus, wie auf dem Bild?", fragte ich neugierig.

*„**Ich bin dein Engel.**"*

„Warum kann ich dich hören?"

*„**Es ist Zeit für dich, zu lernen**", sagte der Engel.*

„Was soll ich lernen?"

*„**Das Geschenk des Lebens.**"*

Alles, was dieser Engel zu mir sagte, war für mich nur ein großes Fragezeichen.

Wer war er?

Was ist das Geschenk des Lebens?

Ich bohrte immer wieder nach, doch es kam nichts von ihm zurück. Nach diesem Gespräch höre ich tagelang kein einziges Wort aus der Welt des Engels.

Habe ich etwas falsch gemacht? Habe ich etwas falsch verstanden? Habe ich den Engel vielleicht verärgert?

Ich hatte noch so viele Fragen, doch keine Antworten.

Um diese zu bekommen, kletterte ich am nächsten Tag auf einen sehr hohen Baum. Ganz nach oben zur Spitze, um dem Himmel noch näher zu sein und den Engel zu erreichen.

Für mich war das keine große Sache, auf Bäume zu steigen. Ganz im Gegenteil. Es war wundervoll, an der Spitze des Baumes zu sitzen und von ganz oben alles zu beobachten. Der Geruch, die Höhe, die Freiheit. Die einzigen Stimmen, die ich allerdings von meinem Platz der Ruhe hörte, waren die eines Nachbarehepaares, das gerade unter mir entlang spazierte.

„Komm da runter! Es ist zu gefährlich. Es ist nicht schön, wenn ein Mädchen auf Bäume klettert."

Ich schrie laut von meinem Baum hinunter:

„Ich habe einen Engel, der auf mich aufpasst und zwei Bilder in meinem Zimmer von Jesus Christus und der Jungfrau Maria! Mir passiert nichts!"

Das Pärchen schüttelte den Kopf und ging weiter.

Als ich merkte, dass es nichts gebracht hatte, auf die Gipfel der Bäume zu steigen, um die Engelsstimme zu hören, versuchte ich es mit einem Waldspaziergang. Vielleicht brauchte mein Engel einen ruhigeren Ort, um mit mir zu reden?

Auch mein Waldspaziergang brachte nicht den gewünschten Erfolg.

Viele Geräusche konnte ich wahrnehmen, doch meinen Engel hörte ich nicht.

Mein nächster Versuch, wieder Kontakt zu meinem Engel zu bekommen, waren Kirchen und Kapellen. Schließlich wohnten Engel doch dort. Zumindest dachte ich dies damals.

Mit meinem Fahrrad fuhr ich alle Kirchenhäuser in unserer Gegend ab. Leider ohne Erfolg. Auch da sprach mein Engel nicht mit mir.

Es vergingen viele Wochen, bis eines Tages, in der Schule beim Biologieunterricht, etwas Ungewöhnliches passierte.

Unser Biologielehrer erzählte von Ländern, Seen und Menschen aus fernen Orten, wie sie lebten und arbeiteten.

Ich träumte mich in diese Leben hinein und stellte mir vor, weit weg in unerforschten Gegenden zu sein. Als ich weit entfernt mit meinen Gedanken war, wurde ich schroff von meinen Träumen durch eine tiefe strenge Stimme in die Realität zurückgeholt.

Unser Lehrer versuchte gerade, ein unruhiges Klassenzimmer mit lauter Stimme zur Ruhe zu bewegen.

Als ich mich wieder an der Unterrichtsstunde beteiligen wollte, noch etwas fern von allem, sah ich neben der Klassenzimmertür eine sehr helle Gestalt stehen. Eine Frau, die direkt zu mir herüberblickte und lächelte.

Diese wunderschöne Frau war in Weiß gekleidet und hatte dunkles langes Haar. Ihr Gesicht kam mir sehr vertraut vor.

Vielleicht war sie aus einem Traum, den ich einmal hatte? Oder aus einem Film? Jedenfalls gab sie mir ein gutes Gefühl. Es war schön, sie anzusehen. Ich beobachtete meine Mitschüler, ob sie sie auch wahrnahmen, doch niemand reagierte auf sie.

Kann nur ich sie sehen? Entstand diese helle Person noch in meinen entflohenen Träumen aus dem Biologieunterricht?

Wer war diese Frau?

Bevor ich lange nachdenken konnte, war sie schon wieder verschwunden.

Nach der Schule erzählte ich meiner Mutter von dieser wunderschönen Erscheinung.

Ihre Reaktion war dieselbe wie bei meinem ersten Erlebnis, von dem ich schon erzählt hatte.

Sie meinte nur, ich hätte mir wieder einmal etwas in meinen Kopf zusammengesponnen und sollte sie damit nicht mehr belästigen. Sie habe genug zu tun, als laufend Geschichten, die in meiner Fantasie entstehen, anzuhören.

Da wusste ich, meine Mutter hatte nicht die Zeit oder das Verständnis, sich um meine außergewöhnlichen Dinge zu kümmern.

Die Frau in Weiß

Es waren Ferien. Die Schule durfte ich für ein paar Wochen hinter mir lassen.

Es gab von der Schule jedes Jahr ein Ferienprogramm, welches für Familien mit mehreren Kindern zur Entlastung der Eltern zusammengestellt wurde.

Es wurde von der Schule organisiert und bezahlt.

Ein Kind aus einer Großfamilie durfte an diesem Ferienprogramm teilnehmen. Dies war bereits das zweite Mal, dass mich meine Mutter auf einen Ausflug schickte. Beim letzten Ausflug war ich in Österreich.

Wo genau, weiß ich nicht mehr. Egal wohin, es war schrecklich für mich, von zuhause getrennt zu sein.

Kinder aus verschiedenen Familien wurden mit dem Bus beim Treffpunkt der Schule abgeholt, sie wurden von ihren Eltern gebracht. Die Fahrt, wohin es ging, wusste von den Schülern meistens keiner. Die Busreise dauerte für mein Empfinden ewig. Als wir am Zielort unseres Ferienprogramms ankamen, war ich sehr überrascht und zugleich beeindruckt, eine große alte Burg vor mir stehen zu sehen. Ein großer, grüner Park, mit verschiedenen Blumen und Bäumen war vor der Burg schön angelegt.

In einem der inneren Räume der Burg wurde ein großer Saal mit Feldbetten ausgestattet. Dieser wurde unser Schlafsaal.

Zu unseren Betten wurden wir von Klosterschwestern, die sehr ernst dreinschauten, zugewiesen.

Es war alles blöd!

Ich fand mich völlig allein gelassen und dachte nur, meine Mutter wollte mich nicht mehr bei sich haben.

Am Tag gab es Wanderungen. Am Abend Lagerfeuer mit Musik und Gesang.

Doch alles interessierte mich nicht besonders. Ich bat meinen Engel, falls er jemals wieder mit mir spricht, mich von hier fortzubringen.

Ich nutzte meistens die Gelegenheit, mich alleine zu beschäftigen, in der Hoffnung, die Stimme meines Engels zu hören.

Deshalb suchte ich mir meine Plätze um die Burg so aus, damit ich meine Ruhe hatte.

„Mein lieber Engel, bist du hier bei mir?

Ich will nach Hause. Kannst du mich nicht abholen?"

Nach längerem Gejammer sprach endlich der Engel zu mir:

„Margarita nutze dein Geschenk des Sehens.

Begebe dich auf Wanderschaft und erkunde die Burg.

Eines Tages wird es dich mehr interessieren als jetzt."

„Das glaub ich nicht. Es ist schrecklich hier. Bring mich bitte weg von hier", sagte ich zornig zu meinem Engel.

„Warte, es wird schön. Mach dir keine Sorgen", *sagte der Engel.*

Ich konnte mir nicht vorstellen, was an einem Ferienprogramm auf einer Burg schön sein sollte.

Die Vorstellung, einige Wochen hier zu verbringen, machte mich noch wütender.

Ich lief enttäuscht und in Gedanken versunken in den Park, der plötzlich anders aussah als bei meiner Ankunft. Es war eine andere Seite des Parks, die ich noch nicht gesehen hatte. Es schien, als würde er beim Verschönern vergessen worden sein. Sträucher, die wild durcheinander wuchsen. Der Rasen nicht gemäht. Keine Blumen oder gepflegten Büsche. Eine aus Holz zusammengenagelte alte Bank, mitten im Nichts, verlieh dem Ganzen noch die Vollkommenheit an Ungepflegtheit. Mir erschien trotzdem, dass der Platz auf dieser fast zusammengefallenen Bank ein Plätzchen war, um mich von meiner momentanen Unzufriedenheit zu beruhigen.

Als ich in meinen Kummer versank und mich gedanklich nach Hause wünschte, bemerkte ich kaum, dass eine Nonne in heller Kleidung auf mich zukam.

Sie blieb vor mir stehen und schaute mich lächelnd an. Ihr Gesicht leuchtete im Sonnenschein. Sie setzte sich neben mich auf die Bank.

Sekundenlang saßen wir nebeneinander und sprachen kein Wort, als diese Nonne mich schließlich fragte:

„Was machst du hier? Willst du nicht mit den anderen an den Wanderungen teilhaben?"

Ich verneinte. *„Ich bin immer alleine"*, antwortete ich leise.

„Du bist nicht alleine. Jeder einzelne Engel schaut auf dich Sei nicht traurig. Die Engel sind doch immer bei dir."

„Doch sie helfen mir nicht", sagte ich laut.

„Oh doch Margarita, mehr als du dir ausmalen kannst."

„Woher kennst du meinen Namen?"

„Das ist nicht wichtig."

Sie nahm meine Hände und legte sie zum Gebet.

„Kannst du das Vaterunser?"

Ich sagte: *„Ja."* Meine Mutter brachte es uns Kindern bei.

„Dann bete mit mir das Gebet des Herrn."

Nach unserem gemeinsamen Gebet stand die Klosterschwester in Weiß auf und blickte mich freundlich an.

Als sie mich anschaute mit diesem Lächeln, mit diesen schönen Augen, wusste ich, es ist die Frau aus dem Klassenzimmer. Doch was passierte da? Ist sie ein Engel? Oder nur eine Erscheinung. Wie kam sie hier her?

Diese wunderschöne Nonne nahm meine Hand und sagte, ich solle mitkommen. Sie möchte mir etwas zeigen. Etwas zögernd, doch mit dem Gefühl der Geborgenheit, war ich bereit, mit ihr zu gehen.

Ein Geist konnte sie nicht sein. Ich konnte ihre wärmende Hand sehr gut spüren.

Ein Gefühl der Geborgenheit war sehr stark in mir. Ich wusste, ich konnte ihr vertrauen.

Wir gingen ein Stück und kamen an eine Mauer, vor der wir stehen blieben. Ich dachte nur, was soll ich hier? Da ist nur eine Steinmauer. Ich blieb ruhig und wartete, was wohl die Frau in Weiß mir zeigen wollte. Nach einer Weile des Wartens war ich wie in einem Traum, umgeben von steinigen Mauern. Ich sah mich plötzlich selbst vor einem Eingang mit vielen Lichtern stehen, die zusammen mit Fackeln an der Wand des Eingangs eines großen Gewölbes flackerten.

Ich konnte andere Nonnen mit weißen Kleidern sehen. Mein Kopf war sorgenfrei und ich nahm nichts mehr wahr, was um mich herum passierte. Dieses Gefühl hatte ich damals auch in meinem Kinderzimmer. Die Nonne in Weiß ließ meine Hand los und schickte mich dort hinein.

„Hab keine Angst. Du bist ein Kind des Herrn mit einem Geschenk, welches nur wenige Menschen besitzen".

„Nutze deine Gabe und verbinde dich mit den Engeln."

Ich schaute verwirrt zu ihr hoch und bemerkte, dass ich ihre Hand nicht mehr spürte. Im gleichen Moment war sie verschwunden.

Der Blick ging gleich zur Mauer mit dem Eingang der Lichter zurück. Doch da war nicht mehr als eine Steinmauer zu sehen.

Wieder die gleiche Frage. Wer war diese Frau? Was wollte sie mir zeigen? Und wo ist dieser merkwürdige Eingang?

Ich ging den Weg zu meiner hölzernen Bank zurück und bemerkte erst nicht, dass es schon dämmerte. Erschrocken darüber, wie die Zeit verging, die ich als Minuten empfand und Stunden waren, lief ich zum Burghof zurück.

Ich wollte diese Frau im Weiß wieder treffen. Doch auch nach langem Suchen konnte ich sie nicht mehr finden. Gab es diese Nonne wirklich, oder habe ich nur von ihr geträumt?

Die restliche Zeit auf der Burg nutzte ich dann doch noch, um an sämtlichen Aktivitäten teilzunehmen.

Die Fahrt nach Hause war trotzdem das Allerschönste.

Meine Familie ist das Wichtigste für mich.

Feuer und Schrei

Die Siedlung, in er wir wohnten, war, wie schon erwähnt, reich an vielen verschiedenen Nachbarschaften, mit denen wir mit der Zeit gute Freundschaften entwickelten.

Leider gab es auch in einigen Gegenden um unsere Wohneinheiten Unstimmigkeiten und Kriminalität. Dazu zählten Einbrüche und Schlägereien. Doch eines dieser Verbrechen erreichte mich eines Nachts, was mich noch Jahre danach beschäftigte. Es war spät in der Nacht. Ich schlief schon sehr fest, als mich eine sehr energische Stimme aufweckte und sagte: *„Steh auf Margarita."* Diese Stimme wies mich an, das Haus zu verlassen. Ich konnte im Dunkeln nicht sehen, wer zu mir sprach. Es hörte sich jedoch so an, als hätte mein Vater mir diese Anweisung gegeben.

Mit großer Müdigkeit stand ich auf und ging zur Wohnungstür, die zum Treppenhaus führte. In unserer Wohnung war niemand außer mir wach. Ich ging hinaus in das Treppenhaus. Auf dem Weg zum Hauptausgang im Erdgeschoß kam mir mein Vater aus dem Keller des Hauses nach oben entgegen und sah mich vor sich stehen. Er lächelte mich an und ging in Richtung der obersten Stockwerke an mir vorbei. Dann war er verschwunden.

Ich konnte viele aufgeregte Stimmen im unteren Stockwerk des Hauses hören.

Als ich, barfuß und nur mit einem Nachthemd bekleidet, weiter nach unten Richtung Ausgang ging, kam mir ein sehr starker und unerträglicher Geruch entgegen. Er brannte in den Augen und in der Nase. Einige Leute, die sich vor unserem Haus versammelten, waren in sehr aufgeregter Stimmung, während die Feuerwehr mit vielen Lichtern am Fahrzeug ihr Werk verrichtete.

Plötzlich packte mich jemand von hinten. Es war meine Mutter mit meinen Geschwistern hinter ihr.

„Wo warst du? Ich habe dich gesucht", sagte meine Mutter mit strenger Stimme.

Ich erzählte ihr, dass ich von Papa aufgeweckt wurde, um das Haus zu verlassen.

Sie schaute mich fragend an und sagte nur: „Gut, dass dir nichts passiert ist."

Da meine Geschwister und ich wegen des schnellen Verlassens der Wohnung nur sehr wenig Kleidung trugen, brachte unsere Mutter uns zu Nachbarn, bis die momentane Gefahr vorüber war.

Am darauffolgenden Tag erfuhren wir, dass der Keller unseres Wohnbereiches gebrannt hatte. Jemand hatte dort in dieser Nacht im Keller ein Feuer gelegt. Der Geruch, der sich im ganzen Haus ausbreitete, war noch Tage danach zu riechen. Ein Albtraum. Ich bekam noch lange nach diesem Vorfall eine Gänsehaut, wenn ich nur die Sirenen der Feuerwehr hörte. Doch was mir am meisten Angst machte, war, dass an diesem schrecklichen Abend mein Vater aus dem Keller nach oben kam. Er hatte mich doch geweckt? War er derjenige, der dieses Feuer gelegt hatte? Ein paar Tage nach diesem schrecklichen Abend wurde mein Vater von der Polizei abgeführt. Er verbrachte einige Jahre im Gefängnis.

Mein Engel hatte mich aufgeweckt. Er nutzte die Stimme meines Vaters. So wusste der Engel, dass ich die Anweisung sofort befolgen würde.

Mit der Zeit erkannte ich, etwas zu besitzen, das mir das Gefühl der Geborgenheit und des Beschützt-Seins gab. Ich war meinem Engel so dankbar für meinen Schutz und den meiner Familie.

Die Wochen und Monate nach diesem schrecklichen Brand waren für uns Kinder nicht die schönste Zeit. Nicht nur, dass für mich eine grundlose Tat begangen wurde, indem man sein Zuhause anzündet, wo die eigene Familie wohnt und gerade schlief.

Ebenfalls litten wir Kinder die gesamte Schulzeit darunter, mit einer Art von Schuldgefühl. Meine Geschwister und ich wurden immer wieder an dieses schreckliche Erlebnis erinnert. Manche Menschen, ob Nachbarn oder Mitschüler, denken oft nicht darüber nach, wie man unschuldige Kinder damit verletzen kann.

Auch als viele Jahre vergangen waren, steckte dieses Erlebnis noch immer in den Gliedern.

Selbstfindung

Die Zeit verging. Die Schule hatte ich beendet und konnte mich mit mittlerweile sechzehn Jahren wieder auf das konzentrieren, was mir wichtig war. Antworten über mich selbst zu finden, auf Fragen, die ich immer in meinem Kopf hatte.

Warum habe ich diese Fähigkeit, mit den Engeln und meinem Geistführer zu kommunizieren?

Warum ich?

Wie wird es in meinem Leben weitergehen?

So fing ich an, einiges auszuprobieren, und hoffte auf Antworten. Jedenfalls dachte ich es damals.

Tarot Karten, die ich mit zwölf Jahren in einem Spielzeugladen gekauft hatte, nutzte ich intensiver. Ich probierte in diesem Teenageralter gerne verschiedene spirituelle Möglichkeiten aus, um mehr über mich zu erfahren.

Ich versuchte, mit der beigefügten Anleitung die Karten zu legen. So legte ich mir die Karten immer und immer wieder selbst. In der Hoffnung, es würde auf Anhieb klappen. Doch irgendwie konnte ich das gelegte Kartenbild, welches vor mir lag, nicht verstehen, oder ich konnte es nicht richtig legen oder lesen.

Gläserrücken war dann mein nächstes Projekt. Ich ließ die Gläser nur mit einer Handbewegung in eine Richtung wandern, genauso, wie ich es schon einmal im Fernsehen in einem Film gesehen hatte. Doch womit ich nicht gerechnet hatte, war, was daraufhin passierte. Es war so heftig. Die Gläser bewegten sich leicht und der Tisch fing kurz an zu wackeln. Es war ein sehr schwerer Tisch. Alt und robust.

Erschrocken und voller Angst, verkroch ich mich unter meiner Bettdecke.

Nie wieder habe ich so einen Versuch wiederholt. Würde auch jedem davon abraten.

Ein weiteres Jahr verging. Die coole Zeit begann. Die Jeans sehr eng, die Schminke muss drauf. Die Jungs wurden interessanter. Ich hatte mich verändert.

Mein Blick hatte sich verändert durch die geistige Welt, ohne es zu merken, weiterentwickelt. Schon vom ersten Tag an, als ich die Stimmen hörte.

Eines dieser Dinge, die sich in Laufe der Zeit eingespielt oder eingeschlichen hatten, waren starke Empfindungen. Als sechster Sinn kann man es besser beschreiben. Das **Gefühl einer „Vorahnung" von etwas, was kommt.** Man weiß anfangs nicht, was passiert, doch dass etwas passiert, sieht man schon vorher.

Wenn ich eine Vorhersehung hatte, waren meine Gedanken abwesend. Als würde sich ein Film in meinem Kopf abspielen.

So, wie ich es einmal auf diese Art erleben musste, wie ein kleines Mädchen aus unserer Siedlung von einem Auto erfasst wurde und dabei starb. Es war ein schrecklicher Anblick, den ich bis heute nicht vergessen kann.

Ich sah dieses erst vierjährige kleine Mädchen mit seinem neuen Fahrrad jeden Tag die Seitenstraße unserer Wohngebäude rauf- und runterfahren. Eines Tages fuhr ein rotes Auto von der anderen Richtung kommend auf das Mädchen zu und übersah es, da das Mädchen plötzlich die Spur der Fahrbahn in die Richtung des Autos wechselte. Es ging so schnell, und das Unglück war passiert. Das Fahrzeug und den Unfall konnte ich schon in meinem Kopf sehen, bevor dieses Unglück passierte.

Es ging alles viel zu schnell. Ich sah, und es passierte. Mein Körper fühlte sich in diesem Moment an, als ob er innerlich zerbrechen würde. Es war, als ob ich eine Mitschuld an diesem Unfall hatte, da ich es vielleicht verhindern hätte können. Doch ich kannte diese Art des Sehens noch nicht. Nach diesem tragischen Unglück wiederholte sich eine weitere Vision mit einer ähnlichen Vorahnung. Einer Freundin, der Schwester dieses kleinen Mädchens, würde ebenfalls ein schrecklicher Autounfall passieren, wenn sie nicht aufpasste. Ich warnte und bat sie, gut auf sich aufzupassen, was sie nur mit einem Lächeln abwinkte.

Der Kontakt zu ihr brach über die Jahre hinweg ab, und ich musste später erfahren, dass diese liebe Freundin einen tödlichen Autounfall hatte. Ihr Mann und ihre Kinder hatten überlebt, doch sie war nicht angeschnallt und verstarb am Unfallort.

Meine Fähigkeit der Vorahnungen hielt nicht sehr lange an, sie verschwand so schnell wie sie kam. Im Großen und Ganzen war ich froh, es so nicht auf Dauer erleben und sehen zu müssen.

Ich hatte trotzdem das Gefühl, dass noch viel mehr auf mich zukommen würde.

Familie

Nach zehn Jahren mit einem Mann, den ich damals als junge Erwachsene kennenlernen durfte – in einer Beziehung, die man bis zum Ende als allgemein glücklich, aber auch banal bezeichnen konnte, hatten wir uns das Ja-Wort gegeben. Aus dieser Ehe kam unser gemeinsames Kind auf die Welt.

Was für mich ein Geschenk war –, mein Sohn, war das andere die Wirklichkeit –, meine Ehe, die sich mit der Zeit veränderte.

In unserer gesamten Beziehung verschwieg ich meine versteckte Gabe, auch wenn sich die Stimmen von Engeln und der Verstorbenen nach wie vor meldeten. Manchmal sparsam, manchmal laut.

Nach einigen Jahren waren mein Mann und ich der Meinung, es sollte nicht mehr sein und ließen uns scheiden. Das weitere Leben mit meinem Mann wäre nur mit Lügen und falscher Hoffnung verlaufen.

Empfindungen von der geistigen Welt, wie mich meine Ehe in Traurigkeit und Enttäuschung versetzte, ignorierte ich. Die Hinweise, die sie mir bezüglich meiner Ehe gab, gefielen mir nicht. Manche Dinge wollte ich nicht hören. Sie sollten einfach nicht passieren. Ich dachte, wenn ich es einfach vergesse, ist alles gut.

Das Ignorieren konnte ich gut, doch das Ergebnis war es dennoch weniger.

Auch nach einigen Jahren unserer Scheidung, wo jeder seinen eigenen Weg gegangen war, aber trotzdem noch Kontakt bestand, wollte mein Ex-Mann nicht über Dinge des Unerklärbaren und übersinnliche Phänomene reden. Gleiche Reaktion. Kein Interesse.

Ich verurteilte ihn nicht für eine Sache, die er anders sah als ich. Er brauchte es nicht annehmen oder verstehen. Damit konnte ich gut leben. Ich wollte nur, dass er es weiß und ich meine Gabe nicht mehr verstecken musste.

Ein gutes Beispiel dafür war, noch während der Ehe, mein Schwiegervater. Er war leider sehr krank und musste sehr viele Medikamente nehmen, sodass seine geistige Leistungsfähigkeit nicht mehr so gut funktionierte wie bei anderen Menschen in seinem Alter.

Einmal war es besonders schlimm. Als ich zu Besuch bei ihm war, geriet ich in eine sehr merkwürdige Situation, die ein ungutes Gefühl mit sich brachte.

Mein Schwiegervater wies mich als sein Gast in sein Wohnzimmer.

Als ich dieses betrat, war ich sehr erschrocken. Ich sah einige Seelen in diesem Zimmer auf dem Sofa sitzen. Es waren acht an der Zahl, sowohl Männer als auch Frauen.

Noch nie vorher konnte ich die Seelen so intensiv sehen wie an diesen Tag.

Nacheinander zeigte er mir, welche Personen ihren Platz auf dem Sofa eingenommen hatten. Was war mit meinem Schwiegervater passiert?

War er schon so krank, dass er Verstorbene sehen konnte, oder hatte er Halluzinationen? Die Personen, die er sah, waren seine Verwandten. Er stellte mir jeden Einzelnen vor.

Der eine war sein Onkel, die andere seine Cousine oder sonst wer.

Ich konnte mich nicht richtig in diese Erscheinung, die sich gerade vor mir abspielte, hineinversetzen, da ich wegen seines Zustandes etwas mehr im Blick haben wollte.

Ich erzählte meinem damaligen Mann, was sein Vater gesehen und gesagt hatte. Doch wie erwartet, kam kein großer Kommentar von ihm. Nur ein Satz: „Jetzt ist er schon so weit, dass er verrückt wird. Seine Fantasien sind krankhaft."

Ich glaube, es war leichter für ihn, einiges, was er nicht sehen wollte, zu ignorieren, besonders, wenn es um ein Familienmitglied ging und er mitansehen musste, wie sich sein Vater durch seine Krankheit und Medikamente veränderte.

Kurze Zeit nach diesem Geschehnis verstarb mein Schwiegervater.

Es heißt, man kann vor seinem Gang in den Himmel die bereits Verstorbenen sehen, die uns weiter den Weg in den Himmel zeigen.

Seine Familie hat ihn abgeholt und bringt ihn an den Ort des Friedens.

Mein neues Leben

Nach unserer Scheidung hatte ich viel Mühe, für mich und meinen Sohn die passende und vor allem bezahlbare Wohnung zu finden. Nach langem Suchen und mit Hilfe eines Freundes konnten wir dann endlich ein passendes Objekt finden.

Passend, der Mietpreis. Objekt Altbauwohnung, eine Katastrophe.

Man darf da ja nicht wählerisch sein. Diese Wohnung sollte mir den Antrieb für ein besseres und schöneres Leben geben. Mit Stolz über das Bewältigen der Aufgaben einer alleinerziehenden Mutter mit einem kleinen Sohn sollte es erst recht zu schaffen sein, mein Leben wieder in einigermaßen geordnete Bahnen zu bekommen und auch hoffentlich glücklich zu werden.

Jetzt konnte ich wieder die Frau sein, die ich immer sein wollte. Keine Geheimnisse, keine falschen Gesichter in der Ehe. Nur mein Sohn, ich und die Engel!

Meine Wohnung war, wie schon erwähnt, eine Altbauwohnung. Sehr alt, doch in einer verrückten Art und Weise etwas besonders.

Das Haus, in dem sich meine Wohnung befand, war aus dem 16. Jahrhundert und neben einem ehemaligen Friedhof bei der Kirche gebaut. Schon irgendwie passend.

In früheren Jahren waren meine jetzigen Wohnräume ein Wirtshaus mit einem Tanzboden und vielen Gästezimmern, was erklärte, dass die Zimmer nicht vorteilhaft eingeteilt waren. Die Wohndecke war sehr hoch. Jedes Zimmer traf sich in der Küche, die acht Meter lang war und nur ein Fenster zur Stadtseite hatte. Der Fußboden war auf einer Seite des Raumes sehr nach unten geneigt. Die Wände schief und kein Nagel blieb in der Wand. Der Keller war damals der Stall für Pferde und Kutschen. Man erreichte den Keller auch nur durch eine Falltür über eine steinige Treppe, die gefährlich abgebrochen war. Es war eine Kunst, in den untersten Teil des Hauses zu gelangen, wenn man nicht stürzen wollte.

Doch das war mir alles egal.

Es war meine eigene, zwar etwas zu groß geratene Wohnung mit vier Zimmern ohne Einrichtung, aber ich war Stolz. Es war gut so.

Die Abende verbrachte ich immer alleine. Mit meinen Tarot-Karten. Mit Versuchen eines neuen Legesystems, mit meinem Geistführer zu reden oder einfach nur in den Fernseher zu starren.

Was ich von der geistigen Welt, den Engeln und dem Geistführer schon längst wusste, konnten mir die Karten erst sehr viel später und in einer anderen Form wiedergeben. Ich hatte lange nicht erkannt, dass es ganz einfach war, aus den Karten zu lesen.

Ich nutzte erst Themen, die mich selbst betrafen. Manchmal glaubte ich, nur das lesen zu können, was ich lesen wollte. Doch die Karten sagten oft etwas anderes.

Mit der Zeit zeigten die Karten mir Bilder in meinem Kopf.

Waren es Bilder, die ich schon vorher empfangen hatte, oder kamen sie von den Karten? Ich konnte es zu diesem Zeitpunkt nicht sagen.

Es erschienen rote Linien, die sich durch die einzelnen Karten zogen und den Verlauf der Zukunft anzeigten. Manchmal schien es mir sogar, als wenn sich jede Karte einzeln, ohne mein Zutun, neu legen würde. Sie sprangen regelrecht. So veränderte sich ein neuer Blick darauf. Egal, wie sich die Karten für meinen Blick änderten, mir gefiel es, und ich legte jede Möglichkeit des Kartenlegens aus.

An einem dieser Abende, die ich für mich in Ruhe genutzt hatte, kam ein Anruf von meiner Mutter, die ich schon sehr lange nicht mehr gesehen hatte.

Trotz aller früheren Unstimmigkeiten freute ich mich, von ihr zu hören.

Bei unserem Telefonat teilte sie mir leider mit, dass sie Brustkrebs habe. Diese Mitteilung erschlug mich regelrecht. Mein Körper wurde eiskalt und fühlte sich in diesem Moment an, als ob mein Blut keinen Fluss mehr hätte. Ich konnte keine klaren Worte für meine Mutter in diesen Moment finden.

Ich konnte und wollte sie in diesem Zustand nicht alleine lassen und schlug ihr vor, zu mir zu ziehen. Die Wohnung war ja groß genug. Gesagt, getan. Ihre Operation warteten wir noch ab, und meine Brüder brachten sie zu mir.

Wir teilten uns die Wohnung auf, und es lief sehr gut.

Dass meine Mutter an Krebs erkrankte, wurde mir von meinem Geistführer nicht mitgeteilt. Ich war sehr zornig darüber und fragte meinen Geistführer, warum mir so ein wichtiges Geschehen nicht gesagt wurde.

Er sagte: *„**Sorge dich nicht Margarita, deine Mama ist gesund.**"*

Nach Untersuchungen und einigen Bestrahlungen konnte sie den Krebs besiegen.

Mein Geistführer wusste, dass sie es schaffen wird. Deshalb sollte ich mir keine Sorgen machen, und eine Mitteilung war daher unnötig.

Was weniger gut lief, war mein finanzielles Problem. Die Miete, das Essen, kein Auto und, und...

Besucher

Eines Tages, an einem kalten verschneiten Nachmittag im Dezember, kam ich mit meinem Sohn an der Hand vom Einkaufen in unsere Wohnung zurück. Als ich meine Wohnung betrat, traute ich erst meinen Augen nicht, als vier Gestalten, die ich noch nie gesehen hatte, an meinem großen runden Küchentisch saßen. Es waren Seelen, die mich besuchten. Warum kamen sie zu mir? Sie schauten zwar in meine Richtung, doch mehr an mir vorbei. Drei von ihnen hatten ein Lächeln im Gesicht. Diese vier Seelen wollten mir etwas mitteilen. Doch ich konnte sie nicht verstehen.

Ich kann nicht einmal sagen, dass ich ein Unbehagen oder Angst dabei empfand.

Eher ein Gefühl, das ich schon einmal als Kind auf der Burg hatte. Die Nonne in Weiß. Ich verspürte diese Art der Vertrautheit, eins mit den Seelen zu sein.

Eine Frau mit blonden Haaren, die an der linken Seite des Tisches saß, schaute starr in den Raum. Sie war etwas stärker gebaut, aber sehr gut angezogen. Sie liebte anscheinend farbige Kleidung und goldenen Schmuck. Ihre Frisur saß perfekt. Sie könnte in ihrem früheren Leben eine Geschäftsfrau gewesen sein oder doch nur eine gut angezogene Dame? Auf Mitte vierzig schätzte ich sie.

Ein leichter Duft strömte von ihr aus. Blumig und frisch. Nicht aufdringlich, doch erkennbar.

Die zweite Person, rechts von ihr, war ein Mann mit sehr lichtem Haar, etwas rundlichem Kopf und einer großen Nase, die irgendwie nicht so recht in sein Gesicht passte. Der Geruch, der in diesem Raum schwebte, war dem eines Stalles ähnlich. Als wäre er ein Landwirt auf einem Hof mit Tieren gewesen und hätte viel gearbeitet. Ein Bauer vielleicht?

Der dritte am Tisch, ebenfalls ein Mann. Jünger, sehr viel jünger als die ersten zwei. Ich konnte ihn sehr schlecht sehen, doch dass er noch nicht sonderlich alt war, ist mir gleich aufgefallen. Er war wie vom Nebel umgeben. Er gab mir das Gefühl des Kummers, welchen er in seinem Leben erfahren musste. Er schien, ein einsamer jugendlicher Mann gewesen zu sein. Mehr konnte ich an ihm nicht feststellen.

Die vierte Person ließ sich gar nicht erkennen.

Ich glaube, es war ebenfalls ein Mann, der sich allerdings von mir abwandte und ich ihn somit nicht genau sehen konnte.

Als ich meinen Blick kurz von den vier Seelen abwenden musste, um nach meinem Sohn zu sehen, waren sie in dieser Sekunde verschwunden.

Ich fragte meinen Geistführer, wer diese Besucher denn waren.

Er sagte: *„Frage nicht, Margarita. Sie kommen wieder"*.

Ich sollte also nicht nachfragen.

Trotz dieses aufregenden Erlebnisses musste ich in meiner Welt weitermachen, weitermachen mit dem, was in meinem Leben passiert.

Es holten mich immer wieder meine schlechten Tage ein, an denen ich verzweifelt war. Eines Tages war es besonders schlimm. Ein paar Tage vor Weihnachten hatte ich das erste Mal das Gefühl, dass alles, was ich mache, nie richtig funktionierte, wie zum Beispiel etwas für Weihnachten weg zu sparen. Ich konnte nichts beiseitelegen. Mein einziger Wunsch war ein kleiner Christbaum mit Geschenken für meinen Sohn.

Meine Gedanken waren dabei, meinem Geistführer die Schuld dafür zu geben. Schließlich wäre er mein Schutzgeist und so auch mein Helfer. Von ihm erwartete ich eine positive Lösung.

Das war eine einfache, bequeme Denkweise von mir.

Es ist doch verständlich, wenn man versucht, irgendwie sein Leben so zu lenken, dass man gut mit seinen momentanen Sorgen und dem Kummer durchzukommen versucht.

Als ich meinen persönlichen Engel darauf ansprach, warum er mir keine Lösung für meine Sorgen zeigte, bekam ich kurz darauf eine deutliche Antwort.

„Du bist ein Kind des Sehens und dennoch blind", sagte der Engel,

„Lösungen sind überall, doch dein ernstes Denken verschleiert die Freude der Lösung. Denke nach, Margarita und jammere nicht."

Ja, es gibt Hilfen. Nur richtig deuten und verstehen war mein Problem. Selbst etwas dafür zu tun, wie Anträge ausfüllen für Sozialgeld, Kleiderhilfe und Mietzuschuss. Einfach daran glauben, es wird schon werden.

Ich konnte den Weg anfangs nicht sehen. Ich blickte nur in die Richtung meiner Sorgen. Doch jetzt kam ich weiter, mit dem, was mein Engel mir mitteilen wollte.

Die Gemeinde in meiner Stadt schenkte mir für Weihnachten einen Sozialbonus, oder wie sie es nannten. Durch meine Anträge war ich gemeldet, und so empfing ich diese glückliche Fügung, Geld zu bekommen.

Ich war überglücklich und kaufte davon einen kleinen Baum und ein paar Geschenke für meinen Sohn.

Es gibt immer einen Weg, aus jedem Problem.

Alles nur Schule

Im folgenden Jahr verliefen meine Gespräche mit dem Geistführer sehr intensiv.

Er sagte mir, es sei alles nur Schule und ich werde in vielen Dingen neu lernen.

Bis spät in die Nacht redete ich mit ihm und stellte sehr viele Fragen.

Wie schaut meine Zukunft aus?

Werde ich noch einmal umziehen? Oder einen neuen Partner bekommen, der meine Fähigkeit akzeptiert? Bekomme ich eine neue Arbeit?

Mein Geistführer antwortete auf all meine Fragen.

„Ja Margarita".

„Du wirst in ein Haus ziehen, groß, schön und ruhig. So wie du es dir wünscht".

„Einen Mann wirst du kennenlernen, doch sehen wirst du ihn noch nicht. In einer neuen Arbeit, die Margarita beginnt".

„Er lächelt deine Fähigkeit an".

„Vertraue auf das Oben, und lasse zu was kommt. Alles nur Schule mein Kind. Lerne, und nutze deine Gabe."

„Viel Freude wirst du haben. Es wird dir nie langweilig sein".

Es verging knapp ein halbes Jahr, nachdem mir mein Geistführer diese neue Arbeit angekündigt hatte.

Ich bekam die Möglichkeit, eine bessere Arbeitsstelle zu beginnen.

Es war eine Arbeit, in der ich gut verdienen konnte. Es wurde eine Verkäuferin gesucht. Nach meinem überzeugenden Vorstellungsgespräch wurde ich genommen. Die Arbeitsstelle war nur eine halbe Stunde Autofahrt von meinem Wohnort entfernt. Es war eine gute Arbeit.

Ein großer Verkaufsraum mit viel Auswahl an Kleidung. Ich bediente im Kinderbereich.

Es machte mir Spaß, und ich fand schnell Kontakt zu den Kunden und meinen Arbeitskollegen.

Regelmäßige Treffen nach der Arbeit mit Arbeitskollegen waren keine Seltenheit. Wir waren eine kleine, tolle Truppe. Mit dem Vertrauen, das ich mit der Zeit bekam, erzählte ich vorsichtig von meinem Können. Allerdings nur über das Kartenlegen, nicht von meiner anderen Gabe, mit Verstorbenen zu kommunizieren. Jeder fand es interessant und war bereit, einen Abend speziell dafür zu organisieren.

Der Abend für dieses Treffen wurde schnell geplant, wobei ich meinen Freunden und Arbeitskollegen die Karten legen durfte. Ich war sehr aufgeregt, da ich es schon eine geraume Zeit für niemandem mehr gemacht hatte.

Der Abend verlief schön und lustig. Doch als eine unserer jüngsten Kolleginnen mich bat, ihr die Karten zu legen, war ich mit den Karten, so wie sie auf den Tisch gelegt wurden, nicht sehr zufrieden. Besser gesagt, beunruhigt. Ich bat sie, die Karten neu zu mischen, damit ich sehen konnte, was mit dem Legesystem falsch lief, oder mit meinem Blick dafür. Es waren immer wieder Bilder zu sehen, die nicht zu dieser jungen, fröhlichen, lebendigen Frau passten. Ihre leichte Naivität und ihre kindliche Art machten sie als Person sehr besonders.

Als sie die Karten erneut mischte, machte sie Scherze und drängte darauf, ihr das Ergebnis mitzuteilen.

Leider musste ich ihr durch die Karten, die ich in Reihen aufgelegt hatte, mitteilen, dass sie sich beim Autofahren mehr konzentrieren sollte und gut auf die Straße achten soll. Es bestünde sonst die Gefahr eines Unfalls.

Die anderen lachten und teilten ihr mit, nicht so schlampig wie sonst zu fahren. Vor allem sollte sie sich beim Fahren nicht immer eine Zigarette anzuzünden.

So blieben alle meine Berichte oder Infos, die ich in den Karten gesehen hatte, im Raum stehen, und ich packte, nach weiteren kleinen unwichtigen Informationen, meine Karten weg.

Meine Arbeit des Kartenlegens war nach einem schönen langen Abend vorbei. Doch das, was ich in den Karten meiner

Freundin und Kollegin gesehen hatte, war in meinem Kopf noch nicht vorbei. Ich hoffte sehr, ich hätte mich geirrt.

Leider war dem nicht so. Schon zwei Wochen nach unserem gemeinsamen Abend war das Unglück, das ich in den Karten vorausgesagt hatte, geschehen. Ich bekam sehr früh am Morgen einen Anruf von dem Freund meiner Arbeitskollegin, dass sie einen schweren Autounfall hatte und dabei verstorben ist. Was passiert war, konnte sich niemand erklären. Nicht einmal bei den damaligen Ermittlungen kam etwas dabei heraus. Nur Vermutungen.

Sie war erst dreiundzwanzig Jahre alt und wollte bald heiraten.

Ich fühlte mich völlig am Boden zerstört, mein Körper war wie eingefroren, und ich dachte nur, warum hat sie meine Warnung ignoriert? Warum wurde ich mit diesem Kartenbild belächelt? Sollte es nur ein lustiger, gemeinsamer Abend für uns alle sein? Sollte dieser gemeinsame Abend für sie besonders sein? Oder ein letzter Kolleginnen-Abend?

Warnungen von der geistigen Welt werden uns in verschiedenster Weise mitgeteilt. Durch ein ungutes Bauchgefühl, das meistens eine mögliche Gefahr übermittelt, bevor man einer bestimmten Situation begegnet. Die Karten oder die Verstorbenen warnen uns vor manchen Dingen, die auch unsere Freunde und Familien betreffen können.

An meinem Geburtstag war die Beerdigung. Das ist ein Tag und eine Zeit, die man natürlich niemals vergessen kann. Ich denke noch heute sehr gerne an meine gute liebe Kollegin. Kontakt habe ich für mich persönlich nie mit ihr aufgenommen. Ich wusste, es war nicht nötig.

Ich war viele Jahre an diesem Arbeitsplatz als Verkäuferin tätig, mit Höhen und Tiefen. Doch nach diesem Unglück war unser regelmäßiges Kollegen-Treffen nicht mehr dasselbe. Was auch jeder gut verstehen konnte.

So ging jeder seinen eigenen Weg.

Die beste Freundin meiner verunglückten Kollegin fragte mich nach geraumer Zeit, ob ich ihr nicht auch die Karten legen könnte, da sie gerne wüsste, ob es ihrer Freundin im Himmel gut geht.

Ich hatte diese Freundin an jenem Abend kennengelernt, an dem ich meinen Kolleginnen die Karten gelegt hatte. Sie war es auch, die mir, nachdem sie die Information über den Unfall erhalten hatte, sagte: „Ich glaub dir, was du in den Karten gesehen hast. Deshalb hatte ich auch Angst um meine Freundin. Ich glaube auch, dass mehr in dir steckt, als du es ahnst."

Ich war sehr überrascht über ihre Aussage. Ich fand es schön, dass sie so an mich glaubte.

Ich fasste mir den Mut und erzählte ihr von meiner Fähigkeit, mit Verstorbenen zu kommunizieren.

Ein Lächeln kam über ihre Lippen und sie meinte nur: „Lass es uns versuchen, meine Freundin zu holen."

Ich hatte schreckliche Angst davor, es zu versuchen, diesen Kontakt für sie herzustellen. Nicht, dass dies nicht möglich gewesen wäre. Nein. Ich hatte Angst davor, was unsere verstorbene Kollegin uns mitteilen würde, da ich nicht sicher war, ob ihre Freundin das verkraften würde.

Eines Abends war es dann soweit, und ich kam zu der Freundin, um den Kontakt aufzubauen.

Manche Seelen kommen nicht so einfach auf Anfrage. Sie kommen, wenn es angebracht ist. Bei diesem Kontakt war es das, und sie kam sehr schnell zu uns. Ich konnte sie nicht sehen, doch gut hören, riechen und spüren.

Ihre liebevolle Art zu sprechen und das piepsige Lachen. Das erste Wort, das sie nannte, war ihr eigener Spitzname, den ihre Freundin sofort unter Tränen erkannte. Sie erzählte mir, dass sie sich immer solche Namen gegeben hatten, doch niemand anderer wusste davon.

Die anderen Mitteilungen von der Seele verliefen mit Lachen und Weinen.

Die Seele sagte ihr: „**_Lass mich gehen und sei glücklich. Ich bin immer bei dir._**"

Meine Klientin, so nenne ich sie mal, erzählte mir später, dass nach dem Autounglück laufend die Lieblingsband ihrer Freundin bei ihr im Radio lief. Ungewöhnlich oft. Den Sender hatte sie deshalb öfter geändert, auch noch Wochen später.

Sie sagte mir, dass sie es wundervoll findet, dass ich diese Fähigkeit besitze und dass es ihr jetzt viel besser ginge.

Es war ein schreckliches Unglück, meine liebe Arbeitskollegin auf diese Weise zu verlieren. Es war für mich eine starke Belastung und Herausforderung, mit den Karten Informationen weiterzugeben, mit denen ich mit hoffnungsvollen Erwartungen eines positiven Legesystems, meine Freunde beeindrucken wollte. Meine Tarot-Karten sagten ihre Warnung und ihren Tod voraus. Ihren Besuch aus dem Jenseits erkenne ich, als schöne Erfahrung, mit einem weinenden und lachenden Auge an.

Ich habe dieses besondere Mädchen bis heute nicht vergessen.

Zwischen zwei Welten

Es war so weit, dass ich mich von dem wirklichen Leben immer mehr entfernte. Das Leben in der geistigen Welt schloss mich völlig ein. Die Gespräche mit meinem Geistführer waren für mich im Vordergrund.

Es wurden mir Geschichten erzählt, meine Zukunft in Bildern wiedergegeben, Warnungen ausgesprochen und Lob verteilt.

Dadurch wurde mir sehr viel Energie geraubt, was sich sehr auf meinen Körper auswirkte. Und doch ließ ich es zu. Ich war süchtig danach.

Ich fand alles, was im wirklichen Leben passierte, störend und uninteressant. Es kam so weit, dass ich mich nur mit Mühe um meinen Sohn und meine Mutter kümmern konnte. Ich war sehr oft müde und angeschlagen. Die gewohnten Schmerzen, die ich gut im Griff hatte, kamen wieder. Meine Energie ging stetig abwärts. Man kann auch sagen, es war mir alles egal.

Es war gefährlich. Es war nicht tragbar. Es durfte nicht sein, mein Kind als lästig oder störend zu empfinden, nur weil ich in der geistigen Welt gefangen war und mich nicht davon lösen konnte oder wollte.

An einem Abend, an dem meine Verfassung mehr der eines Mülleimers oder einer Marionette glich, empfing ich eine nicht gewohnte Stimme, die mir streng sagte: *„Steh auf Margarita.“*

Das Einzige, was ich dazu sagen konnte, war: „Lass mich in Ruhe!“

„Steh auf Margarita!“

„Lass die Sonne in dein Leben, sonst müssen wir dich holen.“

Das war ein Satz, der mir Angst machte.

Eine Aufforderung, nicht das Leben zu verschmähen, sondern es zu leben.

Wie soll ich mich wieder auf ein normales Leben konzentrieren? Ich hatte keine Kraft mehr.

„Lass die Sonne in dein Leben!“

Ich versuchte, mich, nach mehreren Wochen, wieder der Wirklichkeit, sprich, dem Hier und Jetzt zu stellen. Ich kümmerte mich wieder um meinen Sohn. In der Arbeit lief alles zwar etwas schleppend an, aber es ging ganz gut. Unternehmungen wie Ausflüge mit meiner Mutter und meinem Kind halfen mir, mein Leben wieder in den Griff zu bekommen. Ich dachte nie, dass ich mich so weit von der Realität entfernen würde.

Diese Worte von dem mir nicht bekannten Engel spornten mich an, mein Leben wieder zu ordnen.

Es war Frühling. Meine neue Aufgabe bestand darin, meine Zimmer neu zu gestalten. Mein Wohnzimmer sah aus, als ob Trauer und Sorge dort wohnten. Ein Zimmer mit dunklen Möbeln und fader Wandfarbe. So beschloss ich, einiges daran zu ändern.

Da ich durch meine neue Arbeitsstelle, die ich schon eine geraume Zeit hatte, besser verdiente, konnte ich mir glücklicherweise ein paar neue Möbel kaufen. Natürlich in einem Rahmen des Möglichen.

Meiner Wand verpasste ich ein hellgelb, und die Möbel wurden mit einem großen hellblauen Sofa freundlich und gemütlich ausgestattet. Als Abschluss meiner neuen Einrichtung legte ich mir ein Aquarium zu, das den ganzen Raum Lebendigkeit brachte. Ich war sehr zufrieden mit meiner Umgestaltung.

Eines Tages kam meine Schwester zu Besuch. Es waren leider Zeiten dabei, wo ich sie sehr selten gesehen hatte. Das erste Wort von ihr, als sie meine neu gestaltete Wohnung betrat, war: *„Es schaut bei dir aus, als wenn du die Sonne in dieses Zimmer gebracht hättest."*

Da fiel mir wieder ein, was die ungewohnte Stimme zu mir gesagt hatte.

Ich musste nur versuchen, eine Trennung zwischen Dies- und Jenseits zu bekommen. Nicht ständig in der geistigen Welt zu verweilen und die Realität – das Leben – nicht zu vergessen.

Das sollte nicht leicht werden, doch ich würde es schaffen.

Eine neue Freundin

Meine Neugier war nach wie vor sehr groß, und ich war ganz besonders interessiert, Kontakt zu Verstorbenen aufzunehmen, die ich nicht herbeibitten werde. Es sollte kommen, wer es für nötig empfand, mit mir zu reden. Wird das klappen? Es klappte nicht.

Da mein Wohnzimmer der einzige Raum war, den ich dafür nutzen konnte, war es mit der Ruhe, die ich benötigte, nicht optimal. Eine viel befahrene Straße war direkt an meiner Wohnung, und es herrschte dadurch viel Lärm.

Glücklicherweise zog mein Nachbar, der in einem der oberen Stockwerke wohnte, aus und überließ uns seine Räumlichkeiten, die meine Mutter übernahm. Eine kleine Zweizimmer-Wohnung, direkt über meiner.

Sie meinte, es wäre Zeit, ihr eigenes Reich zu besitzen.

Der ehemalige Raum meiner Mutter, den sie in meiner Wohnung hatte, war frei, und ich machte mir mein eigenes ruhiges Zimmer für meine Arbeit, für mein Kleingewerbe, Kartenlegen, Channeling und Jenseitskontakt, daraus.

Diesen Raum gestaltete ich wieder etwas dunkler.

Warum auch immer. Es passte einfach. In den Altbauten waren die Zimmer sehr hoch. Platz hatte ich genug. In meiner sehr knappen Freizeit restaurierte ich noch alte Möbel, wie Stühle oder Kommoden, die ich einmal geschenkt bekam oder günstig kaufen konnte. Sie waren zum Teil antik und meist sehr kaputt. Doch nach meiner Arbeit, sie herzurichten, waren sie ein Traum. Sie passten sehr gut zu mir und meinem neuen Arbeitsraum.

In einem Antiquitätenladen kaufte ich mir einen Schrank, welcher einen Transportaufkleber, den ich durch Zufall entdeckte, aus dem Jahre 1909 hatte.

Mir kam es vor, dass alles in diesem Zimmer, welches ich mir speziell für meine Arbeit besorgte, um mich der geistigen Welt widmen zu können, aus einer Zeit zu stammen schien, die mir irgendwie bekannt vorkam. Ich richtete mir unbewusst mein Arbeitszimmer in einen früheren englisch, französischen Stil ein.

Ich fragte meinen Geistführer, ob ich zu dieser Zeit schon einmal gelebt hätte. „*Ja. **In England und Frankreich hatte Margarita schon einmal gelebt**.*" Das war die Erklärung, warum ich mir diesen Wohnstil ausgesucht hatte.

Ich wollte natürlich mehr darüber erfahren und fragte meinen Geistführer darüber aus.

„*Ein Dorf mit reichen Leuten war nicht dein Zuhause*", *sagte mein geistiger Lehrer.*

„*Eine Hütte im Wald mit Kräutern und Steinen war dein Zuhause*".

„*Margarita, im Dorf wolltest du helfen. Kräuter sollen gesund machen. Die Frauen im Dorf haben dich vertrieben.*"

„*Mit schlechtem Messer schneiden sie dein langes Haar ab.*"

„*Deine Wanderschaft begann ins nächste Dorf.*"

Eine dieser Mitteilungen meines geistigen Helfers erkannte ich besonders für mich, als eine Erinnerung aus meiner Kindheit. Mein Haar wurde mir mit einem schlechten Messer abgeschnitten.

Meine Mutter hatte mir mit zehn Jahren meine langen lockigen Haare zu einem Zopf geflochten und mit einer alten, schon verrosteten Schere abgeschnitten. Es war so schrecklich für mich.

In diesem Alter kamen erstmals meine Engel zur Sprache. Hatte dies eine Bedeutung?

Die Wanderschaft passte auch sehr gut zu mir.

Ich war schon sehr oft umgezogen, und meine Arbeitsplätze hatte ich auch öfter gewechselt. Meine Heimat musste ich auch erst noch finden.

Wiederholte sich alles in dieser Welt wieder?

Was weiter in meinem früheren Leben geschehen war, wurde mir von meinem Geistführer nicht gesagt.

Ich beschloss, mir jemanden zu suchen, welcher eine Rückführung bei mir machen konnte.

Durch eine liebe Freundin, die ich in der Anfangszeit in meiner neuen Stadt kennenlernte, bekam ich eine Adresse, die mir weiterhelfen könnte.

Sie hieß Irene Wolferstetter. Sie hatte eine Praxis für energetisches geistiges Heilen.

Ich dachte an alles, doch nicht an eine Frau, die mit geistigem Heilen mir helfen würde.

Es gab wirklich noch jemanden, der eine ähnliche Gabe besaß wie ich?

Diese Adresse war sogar noch ganz in meiner Nähe.

Ich nahm das Angebot meiner Freundin an und besuchte diese Frau.

Mein erster Eindruck, als sie die Türe öffnete, war gemischt, obwohl sie sehr freundlich war. Wahrscheinlich, da ich selbst ein kleiner Zweifler war und schon einiges ausprobiert hatte.

Sie meinte, sie möchte sich erst einmal einen Überblick über meinen allgemeinen körperlichen und geistigen Zustand machen. Ich war sofort einverstanden. Es kann ja nicht schaden, dachte ich mir.

Ich nahm auf ihrer Liege Platz, und sie sagte mir, wie sie vorgehen würde. In ihrem Raum war es still, und ich war ziemlich angespannt. Sie fuhr mit ihren Händen über meinen Rücken und schüttelte immer wieder ihre Hände aus. Sie sagte mir, ich sei voll mit lauter Seelen, die an mir haften. Wie Steine fielen sie mir von meinem Körper.

Ebenso meinte sie, sie würde völlig im Schlamm feststecken und versuchen, sich davon zu befreien.

Was war das für eine Frau? Wie erkannte sie so viele Dinge?

Sie reinigte nach der Behandlung meinen und ihren Körper auf ihre geistige Weise und war sehr interessiert daran, warum ich mit so vielen Seelen behaftet war und wer ich bin.

Ich erzählte ihr alles, was ich bisher in meinen Leben mit der geistigen Welt erfahren durfte. Von meinen Engeln, dem Geistführer und den ständigen Körperschmerzen. Sie war die einzige Person, der ich alles von meinen Fähigkeiten erzählen konnte.

Mein Gefühl war, bei ihr gut aufgehoben zu sein und eine besondere Freundin dazubekommen zu haben. Meine Schmerzen waren nicht mehr merkbar.

Einen Termin für eine Rückführung, den ich durch diese nicht geplante Behandlung verschieben musste, bekam ich sehr schnell.

Wurde ich von meinem Geistführer zu ihr geschickt? Manchmal brauchte es nicht immer ein Gespräch, manchmal werden dir die Wege auch anders gezeigt.

Als ich ihr Haus, aus meiner Sicht positiv nach der ungewöhnlichen Art der Behandlung verließ, um zuhause nochmal in Ruhe die Vorgehensweise und Gespräche in meinem Kopf durchzugehen, rief mich diese gute Frau an und sagte mir, dass ihr ganzes Haus voller Seelen wäre und sie dastanden, als warteten sie auf den Zug am Bahnhof. Jede Seele hatte einen Koffer dabei. Ich dachte nur, was ist denn da passiert? Sie hat mir zwar die Seelen vom Körper entfernt, doch dann wussten sie anscheinend nicht, wo sie hinsollten? Habe ich sie einfach zurückgelassen? Und vor allem, sie konnte die Seelen alle sehen. Das war für mich das größte Phänomen.

Ich versuchte so schnell wie möglich, die restlichen Seelen aus ihrem Haus zu entfernen. Durch ihre Fähigkeit konnte diese besondere Frau dies bereits bei einigen schon erreichen und so gelang es uns gemeinsam, dank hoher Konzentration, jede einzelne Seele aus ihrem Haus los zu werden.

Ich denke mal, ich habe diese Seelen wieder an mich gezogen. War das gut oder schlecht? Haften sie wieder an meinem Körper?

Trotz dieses Vorfalls habe ich eine gute Freundin dazugewonnen, mit der ich all meine Erfahrungen austauschen konnte und auch heute noch kann. Die mich von Seelen, die sich an mich heften, reinigt, wenn es angebracht ist. Dies kam noch oft vor.

Ein sehr gutes Gefühl.

Mein erstes Publikum

Meine Freundin Irene war der Meinung, ich sollte meine Gabe der Öffentlichkeit mitteilen. Durch eine Homepage oder besser noch, durch einen persönlichen Vortrag.

Sie meinte: *„Es gibt sehr viele Menschen, die deine Hilfe durch die geistige Welt benötigen. Besonders Menschen, die einen lieben Verwandten oder Freund durch einen Todesfall verloren haben."*

Mit gemischten Gefühlen, meine Lebensgeschichte in einen Vortrag zu erzählen, nahm ich dennoch ihren Vorschlag an.

Irene stellte mir einen sehr großen, freundlichen Raum zur Verfügung, den sie an einem Anbau ihres Hauses hatte. Ich lud sämtliche Leute mit einer persönlichen Einladung zu meinem Vortrag „Meine Arbeit als Medium" ein.

Womit ich nicht gerechnet hatte, war, dass der Vortrag mehr Menschen interessierte als Plätze vorhanden waren.

Um diesen Abend gut vorbereitet zu gestalten, machte ich mir kleine Zettel als Leitfaden, damit ich mit einem ordentlichen Ablauf rechnen konnte.

Der Abend war da, und ich war vorbereitet. Na ja, bis auf meine Nervosität.

Es kamen bekannte Gesichter mit Freunden und Verwandten, die ich noch nicht kannte.

Der große Raum füllte sich schnell, und es fühlte sich an, als würden es immer mehr und mehr.

Manche Interessierte mussten stehen, doch es schien ihnen nichts auszumachen.

Ich stand das erste Mal vor Publikum. Mein Herz raste und ich glaubte, keine Luft mehr zu bekommen. Meine Hände fingen an zu schwitzen, und in meinem Kopf drehte sich alles.

Alle Augen auf mich gerichtet. Kein Fenster in direkter Nähe zum Rausspringen.

Ich schaute in die Menge, die gespannt auf mein erstes Wort wartete.

Mein Zittern war so stark, dass ich es nicht schaffte, meine Spickzettel nicht sichtbar in die Hand zu nehmen.

Ich stellte mich nach mehrmaligem Durchatmen vor und fing an, von mir zu erzählen.

Der Vortrag schien ganz gut zu laufen, bis sich auf einmal eine Frau laut meldete, um ihre Visionen von ihrer Ansicht der geistigen Welt mitteilen zu können.

Sie stellte sich mit ihrer sehr ausgefallenen Kleidung und ihrer Selbstdarstellung sehr gut in den Vordergrund. Man konnte sagen, sie war sehr selbstbewusst.

Ihre Art und Weise, wie sie sich bemerkbar machte, war dennoch sehr gewöhnungsbedürftig.

Peinlich? Ja, und wie!

Die Darstellung ihrer Arbeit als spirituelle Helferin, oder als was auch immer sie sich selbst sah, erschien mir, an meinem ersten Abend mit Publikum, als unangebracht, und ich wollte den Abend dadurch als einen Totalschaden verbuchen.

Nicht nur ich, sondern auch die Besucher meines Vortrages, wurden sehr von dieser Frau überrascht. Ihre Blicke wanderten zwischen mir und ihr hin und her.

Wenn sich irgendwo ein Loch im Boden aufgetan hätte, wäre ich sofort darin verschwunden.

Ich bat meinen Geistführer um Hilfe, diesen Abend zu retten.

Es dauerte nicht sehr lange und diese Frau erkannte anscheinend, dass sich niemand so recht für ihre Aussagen interessierte.

Meine Aufgabe bestand jetzt darin, Ordnung zu schaffen.

Ich forderte die störende Dame auf, ihren Platz wieder einzunehmen und weiter keine Zwischenargumente zu liefern.

Es wurde wieder ruhig, und ich konnte meinen Vortrag in gewohnter Weise, allerdings ohne meine aufgelisteten Zettel, fortführen.

Ich muss gestehen, dass ich, ohne einer genauen Vorbereitung, einen schöneren und unterhaltsameren Vortrag leisten konnte.

Der restliche Abend lief wie von selbst. Was ich anfangs als skeptisch empfand, war große Freude.

Nach einer großzügigen Ausführung meines Lebens und meiner Arbeitsmethode ließ ich einen Kontakt zu Seelen herstellen, die hinter den betreffenden Personen erschienen.

Ich erklärte meinen Besuchern, was die einzelnen Seelen mitzuteilen hatten.

Hinter einer Dame meiner Besuchergruppe stand eine Seele, die sich als ihre Mutter zu erkennen gab. Sie hatte ein rotes Kleid getragen, und ihre Frisur war perfekt.

Die Besucherin musste sehr mit den Tränen kämpfen. Diese erzählte mir, dass ihre Mutter überraschend an Krebs verstorben war. Diese liebte die Farbe Rot.

Ich übermittelte der Dame von ihrer verstorbenen Mutter, dass sie sich nicht von Personen abhalten lassen sollte, ihre geplante Richtung zu gehen. Es ist ein guter Weg, den sie gehen soll.

Die Besucherin erzählte mir, dass sie große Pläne hätte und sich selbstständig machen wollte, doch ihr wurden immer wieder Steine in den Weg geworfen, ihren gewünschten Weg zu gehen. Besonders ihre Freunde und Arbeitskollegen rieten ihr ständig davon ab. So wurde sie immer unsicherer und ließ von ihrem Ziel ab.

Sie war sehr dankbar, dass sie von ihrer dahingeschiedenen Mutter diese Aussage als Bestätigung bekam, ihren Plan zu verwirklichen.

Bei einer weiteren, männlichen Person kam der Großvater als Sprachrohr der Seele.

Der Großvater des Besuchers stand nicht hinter ihm, sondern neben ihm. Seine Kleidung erinnerte mich sehr an eine frühere Zeit. Dem Opa war es damals nicht wichtig, was er anhatte, dafür arbeiten umso mehr.

Er teilte meinem Besucher mit, er solle doch mehr auf sich selber schauen als auf das Geschäft und die Arbeit.

„Dein Körper meldet sich doch schon.

Glaub mir mein Junge, es ist nicht die Welt, die du brauchst.

Du wirst gebraucht. Mach nicht den gleichen Fehler wie ich."

Der Mann schaute mich fragend an und sagte:

„Mein Opa war streng, und ihn interessierte nichts, außer die Arbeit. Nicht einmal die Familie. Warum sollte er so etwas zu mir sagen?"

„Ihr Opa", sagte ich, zu diesem Mann, „will nicht, dass Sie so leben, wie er es getan hatte. Er möchte Ihnen damit sagen, dass Verbitterung und schlechte Laune die Folge sind, wenn Sie Ihre Arbeit wichtiger nehmen als die Familie und sich selbst."

Der Besucher war still und nickte verstehend.

Eine weitere Besucherin, für die ich eine Mitteilung hatte, stand sehr weit hinten.

Ich fragte die Dame in der hinteren Reihe, ob sie einen braunen Hund mit Schlappohren hatte, der einen Fuß nur schwer bewegen konnte.

Sie nickte. *„Ihr Hund möchte Ihnen mitteilen, dass Sie keinen Fehler gemacht haben und er dankbar war, bei Ihnen zu sein. Er hat leider nicht seine geliebte Decke."*

Die Frau fing an zu weinen und erzählte kurz, dass sie ihren Hund einschläfern lassen musste. Er wurde bei einem Unfall so schwer verletzt, dass er es nicht schaffen konnte.

„Ich war immer am Zweifeln, ob ich alles richtig gemacht hatte", sagte die Frau schluchzend. *„Seine Lieblingsdecke habe ich immer noch. Das Nachziehen seines Fußes war ein Geburtsfehler. Vielen Dank, für diese Mitteilung."*

Trotz Anlaufprobleme verlief der Abend besser als erwartet.

Man kann sogar sagen, er war fabelhaft!

Nach diesem Abend kamen noch einige Vorträge. Es war immer eine schöne Erfahrung.

Erscheinungen

Da meine Mutter seit einiger Zeit im Stockwerk über meiner Wohnung wohnte, wollte ich öfter nach ihr schauen. Sie genoss ihre Ruhe und ihr neues Zuhause. Sie liebte es.

Eines Nachmittags wollte ich ihr einen Besuch abstatten. Auf dem Weg zu ihrer Haustür stand im Treppenhaus plötzlich, wie aus dem Nichts, eine in Weiß gekleidete Frau. Ihr Gesicht war verdeckt, da sie auf den Boden schaute. Als sie ihren Kopf hob, war ich sehr erschrocken. Es war meine Zwillingsschwester. Jedenfalls sah sie aus wie ich. Ich blickte mich sozusagen selbst an, wie in einem Spiegel. Ihre Haare waren wie Engelshaar. Lang und mit großen Locken. Sie trug ein weißes Hemd und ein Tuch mit Spitzenrand auf dem Kopf. Schuhe hatte sie keine an. Das konnte man sehen, da ihr Hemdchen nur bis zum Knöchel reichte. Sie lächelte mich an und hielt den Finger vor den Mund, als wollte sie mir sagen, dass ich still bleiben sollte. Dann ging sie weiter die Treppen hinauf, Richtung Dachboden. Mir war klar, dass ich ihr nicht folgen müsste, da sie bestimmt verschwunden war.

Wollte sie mir mit ihrer Geste etwas mitteilen? Ich würde es noch erfahren.

Dieses Erlebnis beschäftigte mich noch lange. Ich wollte es meiner Mutter erzählen. Doch wie würde sie darauf reagieren? Ich tat es nicht und fragte sie lieber, wie unsere Geburt verlaufen war.

Sie war etwas erstaunt, als ich nach meiner Zwillingsschwester und unserem Geburtsverlauf fragte.

„Warum willst du das wissen?", fragte sie.

Mit fragender Miene erzählte sie mir die Geschichte unserer Geburt. Es war eine Hausgeburt. „Theresia", so hieß meine Zwillingsschwester, lag an meiner linken Körperseite, bevor sie geboren wurde. Sie war die Erste, die auf die Welt kam und bekam kurz nach ihrer Geburt keine Luft. Die Hebamme versuchte, ihr zu helfen. Doch meine Schwester war zu schwach. Sie verstarb.

Ihr wurde ein Hemdchen angezogen und ein Leinentuch mit Spitzenrand wurde ihr um ihren Kopf gelegt. Anschließend hat man sie in einen Schuhkarton gelegt und mit weiteren Tüchern umwickelt.

Ich war den Tränen nah.

Eine reine Seele mit einem Hemdchen bekleidet und einem Spitzentuch über dem Kopf. Sie wurde mir von dieser Seite weggenommen, wo sie im Mutterleib bei mir lag. Kann ich sie nicht loslassen? Schmerzt deshalb meine linke Körperhälfte schon seit vielen Jahren?

Immer mehr Fragen. Ich hoffe sehr, dass meine Schwester Theresia mir eines Tages meine Fragen beantwortet.

Einen Kontakt mit ihr aufzunehmen, kam mir nicht in den Kopf. Warum? Ich weiß es nicht.

Wenn es sein sollte, wird sie sich schon bei mir melden. So lass ich sie in Ruhe.

Andere Seelen zu kontaktieren, war mir ein größeres Anliegen.

Ich versuchte nochmals, diesmal ohne Lärm, ohne einen speziellen Grund, einen Kontakt zu Verstorbenen herzustellen. Nur für mich selbst.

Ich saß, in dem für mich hergerichteten Zimmer und hoffte darauf, dass mir einige Seelen, die mir etwas mitzuteilen hätten, erscheinen. Wie schon gesagt, es liegt nicht in meiner Hand, ob eine Seele kommt. Doch ich hoffte auf meine Bitte, in Form eines gewohnten, von mir speziell zusammengestellten Gebetes, um einige Erscheinungen.

Kaum hatte ich meine Bitte ausgesprochen, erschien mir ein junger Soldat aus dem Zweiten Weltkrieg. Er war ein blonder, schlanker Mann in schmutziger Kriegsbekleidung mit einem Rucksack auf dem Rücken, der ziemlich vollgepackt schien. Seine Stiefel waren von Schlamm bedeckt, und er stand sehr weit weg von mir. Im Nebenzimmer bei offener Tür. Warum er dort stand und nicht in meinem Raum, war mir ein Rätsel.

Er erzählte mir, dass er sich mit neunzehn Jahren von seiner damaligen Verlobten verabschiedet hätte und in den Krieg fürs Vaterland gezogen war. Sein Ziel war, der Soldat zu sein, den seine Heimat sehen wollte. Er liebte sein Land. An der Front lief er allerdings direkt in die feindliche Linie. Ohne Schutz und ohne nachzudenken, ob ihm etwas passieren könnte. Eine Kugel traf ihn genau in den Kopf.

Weiter teilte er mir mit, wegen seiner Unachtsamkeit, sein Leben selbst aufs Spiel gesetzt zu haben. Ein Held wollte er sein, so wie man es vielleicht von ihm erwartet hätte, und seine Verlobte sollte stolz auf ihn sein. Ihr Bild trug er immer bei sich.

Mit seiner Erzählung dankte er mir, dass er es mir mitteilen durfte und so ein Stück seiner Seele gerettet werden konnte. Allein nur deshalb, weil er es mir erzählt hatte. Er sagte mir, dass ich nochmal von ihm hören würde.

Ich sehe heute noch sein Gesicht, hell und leuchtend. Ich kann seine kleine Geschichte nicht vergessen.

Als Kriegsheld wollte er zurückkehren und heiraten. Das wäre sein einziger Wunsch gewesen.

Die nächste Seele, die sich zeigte, war ein Mann, der sich erhängt hatte. Er erschien mir mit der Statur eines freundlichen, ruhigen Mannes. Er war schlank, mit dunklem leicht gelocktem Haar.

Seine Kleidung modern und ansehnlich. Er wusste, wie er sich präsentieren konnte.

Er war ein junger Familienvater mit einer sehr guten Arbeitsstelle.

Er sagte: „Ich habe in einer sehr für mich dunklen Zeit gelebt, in der ich ebenso gefangen war. Das neue Haus war mit Schulden belastet und meiner Frau konnte ich nicht sagen, wie sehr mich dies belastet hatte. Meine Frau wünschte sich dieses Heim. Ich baute es für meine Familie. Sie sollten ein schönes Leben haben."

Er wollte seiner Familie gefallen und auch in der Gesellschaft etwas darstellen. Mit einem guten Arbeitsplatz und dem Ansehen eines guten, fleißigen Mannes in seiner Firma. Der Druck, den er sich selbst damit aufgebaut hatte, lastete sehr auf ihn. Weiter sagte er: *„Die Angst, zu versagen, das waren meine dunklen Stunden. So blieb mir nur ein Ausweg mit dem Strick im Wald.“* Er hinterließ eine Frau mit zwei Kindern.

Diese Geschichte mit mir zu teilen, kam mir vor, wie ein Weg der Versöhnung mit sich selbst.

Was er seiner Familie damit angetan hatte, war ihm dabei nicht klar.

Es schien so, dass diese Seele durch ihr Erscheinen um Vergebung bei mir suchte, damit sie ihre Reise weiterführen konnte.

Meine dritte Seele, mit der ich für den heutigen Tag abschließen wollte, hatte sich mit einem Gewehr in den Kopf geschossen.

Markus nannte man ihn. Die meisten Seelen nannten ihren Namen normalerweise nicht.

Was ich gut erkennen konnte, war ein blonder junger Mann mit Oberlippenbart. Er trug eine rote Motorradjacke. Er hielt ein Gewehr in der Hand.

Er erklärte mir mit leiser Stimme, dass ihm die Welt, in der er lebte, sehr herunterzog. Er sah alles mit einem negativen Blick und glaubte, er sei nichts wert.

Er wusste selbst nicht, warum er so dachte. Seine Gedanken und Gefühle spielten Streiche mit ihm.

In der Zeit seines Lebens wurde es nicht gerne gesehen, weder bei seinen Freunden noch in der Familie, Schwäche zu zeigen. Zumindest dachte er das damals. In dem Moment des Abschieds kamen keine Gedanken in irgendeiner Form von Reue oder Schuld auf, dass er diesen Weg gewählt hatte. Er war gefangen im Nichts und wusste nicht, warum. Einen anderen Ausweg konnte er nicht sehen.

Er musste so handeln und erschoss sich.

„Um Vergebung bitte ich, durch unseren Vater im Himmel“, sagte er, weil er seinen Freunden nicht von seinem Zustand erzählt hatte. Er konnte oder wollte nicht mit ihnen über seine Probleme reden.

Markus sagte: *„Ich nahm die Flucht aus dieser Enge.“*

Wenn man nach geraumer Zeit diesen Seelen ihre Geschichten erzählen lässt, denkt man oft, warum hast du dir nicht Hilfe gesucht.

Warum musstest du dir das Leben nehmen?

Schaut auf diejenigen, die Hilfe suchen und bietet eure Hilfe an, wenn es möglich ist. Es tut nicht weh, und man kann vielleicht ein Leben damit retten oder zumindest eine Hilfe fürs Weiterkommen sein. Zuhören. Das reicht oft schon.

So ließ ich einige Zeit keine Verstorbenen zu mir kommen und widmete mich wieder einmal den Dingen in meiner Welt. Doch die Ruhe, die ich brauchte und wollte, dauerte nicht lange an.

Eine Frau meldete sich bei mir, die durch die geistige Welt einen Rat benötigte. Sie wollte mit dem Tod ihres geliebten Ehemannes abschließen, der an Krebs verstorben war.

Es ist für mich immer wieder eine große Belastung und dennoch eine Freude, diesen Menschen zu erzählen, was ihr geliebter Verstorbener mitzuteilen hätte. Die richtigen Worte, die von dem Verstorbenen an mich übertragen werden, zu finden und wiederzugeben, war nicht immer leicht gewesen und ist heute noch teilweise schwer.

„Ich kann Ihren Mann sehr gut sehen", sagte ich zu der Dame, die mich aufsuchte. *„Es werden mir Bilder übermittelt, die mir Ihren Mann in einem Bett im Krankenhaus zeigen."*

Er war ein Mann mit sehr heller Gesichtsfarbe, mit schönen, dunklen Augen.

Seine Worte an seine Frau waren eindeutig wiederzugeben. Er bedankte sich bei ihr für ihre Treue und Geduld. Er erzählte mir, dass er seine Frau sehr gerne an die Hand nahm und am Strand mit ihr spazieren ging. Jeden Urlaub verbrachten sie am Meer.

Er erzählte auch, dass die Krankenschwester das Zimmerfenster sehr selten öffnete. Frische Luft war sein Wunsch.

Seine Freude war sehr groß, wenn seine Frau kam und sie das Fenster öffnete.

Meine Klientin weinte und sagte: *„Es war eine wunderschöne Zeit."* Alles, was er erzählte, waren für sie Erinnerungen. Sie wusste, dass das für ihn ein Gefühl des Glücks war, gemeinsam den Urlaub zu verbringen.

Diese und weitere Antworten ihres Mannes halfen ihr, ihrem Leben wieder eine Richtung zu geben. Der Beginn eines Lebens ohne ihn, auch wenn es noch lange schwer sein wird.

Ihr Mann wollte keinen Schmerz für seine Frau. Er wollte nur, dass sie glücklich ist und ihr Leben in Freude verbringt.

Meine Klientin sagte mir, dass es schön war, sich von ihrem Mann zu verabschieden, wie es aus ihren beiden Herzen gewünscht war.

Auch wenn man nur das wiedergibt, was ein Verstorbener mitteilt, ist es immer ein wunderschönes Gefühl, als Vermittler zu dienen, um anderen zu helfen.

Es ist für mich eine Freude, wenn man erkennt, wie viele kleine Dinge einem Menschen sein Leben lang Freude bereitet hatten, wie zum Beispiel ein Spaziergang am Strand.

Ich bin dankbar, so eine Hilfe für andere zu sein.

Es gibt so viele Anlässe, einen Kontakt mit Verstorbenen herzustellen.

Abschied zu nehmen, ein letztes Wort von den Verstorbenen zu bekommen, Frieden zu schließen und einiges mehr.

Manche Menschen erzählten mir, dass sie gerne kommen würden, doch Angst von dem Unbekannten haben.

Doch manchmal entsteht ein Kontakt sehr schwer oder sogar gar nicht.

Warum?

Wir Menschen selbst sind es, die es oft nicht zulassen, sich mit nicht erklärbaren Dingen zu beschäftigen oder sie ebenso als etwas Unheimliches sehen.

Angst vor dem Tod, Angst darüber, was nach dem Tod kommt, oder nur Angst, sich mit dem Tod auseinanderzusetzen.

Angst davor, was der Verstorbene zu erzählen hat.

Angst davor, wer bei einem Jenseitskontakt erscheinen wird.

Angst, seine Probleme und Sorgen dem Medium mitzuteilen.

Die geistige Welt übermittelt Liebe und zeigt uns Wege. Nicht Angst.

Neue Wege

Nach einigen Jahren als Verkäuferin entschloss sich unser Geschäftsführer, den größten Teil des Personals in seinem Geschäft aus Kostengründen zu entlassen. Mehrere Kollegen und ich wurden gekündigt.

So musste ich einen neuen Weg gehen. Doch welchen?

Was sollte ich jetzt machen? Selbstständig werden?

Ich war noch nicht so weit. So war mein Weg das Arbeitsamt. Nach endlosem Suchen entschloss ich mich, etwas Neues zu versuchen, und begann eine Umschulung als Bürokauffrau.

Ich merkte schon sehr bald, dass dies nicht mein Weg war. Zwei Jahre Schule und der Schulweg war sehr weit.

Nicht meine Arbeit, den ganzen Tag nur an einem Computer zu verbringen.

Ich absolvierte die Schule trotzdem. Mein Geistführer sagte mir wie immer: *„Alles nur Schule. Entscheide selbst, was gut für dich ist."*

Eine Arbeitsstelle als Bürokauffrau kam für mich also nicht in Frage. Doch der Arbeitsmarkt hatte keine passende Stelle für mich.

Meine Arbeit als Medium konnte ich in gewissem Rahmen machen, doch ich wollte noch keine Selbstständigkeit. Ich war der Meinung, noch viel mehr durch meinen Geistführer lernen zu müssen, bevor ich so weit wäre.

Ich fragte ständig meinen geistigen Helfer, was ich denn jetzt machen sollte.

Er sagte: *„Margarita, du wirst in einer großen Firma arbeiten."*

Es dauerte nochmal ein halbes Jahr meiner Arbeitslosigkeit, bis ich wirklich eine Arbeitsstelle in einer nahe gelegenen großen Firma bekam. Allerdings als Putzfrau, nur Teilzeit.

Hatte ich es irgendwie übersehen, für einen besseren Job?

Ich war eine gut bezahlte Verkäuferin. Ich habe eine Ausbildung als Bürokauffrau.

Doch in dieser Zeit wurden auf dem Arbeitsmarkt nicht sehr viele Möglichkeiten angeboten.

Ehrlich, warum jammerte ich eigentlich. Ich war froh, eine Arbeitsstelle, egal was, in dieser Zeit zu bekommen. Man sollte nie vergessen, wie schlecht es mir einmal ging. Ich war nur verwöhnt durch das Glück oder die Führung von oben, mit meinem letzten Arbeitsplatz als Verkäuferin.

Ich nahm also diese Arbeit an und machte das Beste daraus.

Meine neuen Arbeitskolleginnen waren super.

Eine von den beiden war jene Frau, die ich in den Anfangszeiten in meinem neuen Wohnort kennengelernt hatte. Die zweite Kollegin war/ist auch ein ganz lieber Mensch.

Es ist ein gutes Gefühl, mit ihnen zu arbeiten.

War das die Firma, die mein Geistführer schon lange erwähnt hatte?

Büro putzen und den Haushalt zuhause. Ich hatte mich in dieser Rolle im Griff. Es war trotz allem eine sehr zufriedenstellende Zeit.

Mit der Zeit wurde alles etwas lockerer, und ich kannte mich sehr gut in dieser Firma aus. Die Menschen dahinter waren mir immer mehr vertraut, und das Verhältnis zu jeder Einzelnen sehr gut.

Ich mochte es, so wie es war.

Eines Tages veränderte sich einiges, mit dem ich nicht mehr gerechnet hatte. Ich brauchte dringend einen Elektriker, der meinen Geschirrspüler in der Küche reparieren sollte. Da es in dieser Firma eine Abteilung für solche Anliegen gab, fragte ich dort einmal nach, ob nicht jemand dafür Zeit hätte, ihn sich mal anzusehen.

Es gab nur einen, der sich dazu bereit erklärt hatte.

Dieser eine war es, der meine Zukunft von Grund auf veränderte.

Wie mein Geistführer schon sagte: *Ich werde einen Mann kennenlernen, doch sehen werde ich ihn noch nicht!*

Das waren seine Worte.

Drei Jahre in der Firma, und ich nahm ihn nicht wahr. Es war merkwürdig, da ich doch öfter in seinem Arbeitsbereich unterwegs war.

Nachdem mein Geschirrspüler repariert wurde, kamen regelmäßige Treffen zustande. Konzertbesuche, Motorradausflüge, usw. Unternehmungen, die ich mit diesem Mann unternommen hatte, welche mir in meinem Leben sehr fehlten.

Es war einfach nur schön und ein neuer Abschnitt meines Lebens begann. Ich lernte viele neue Dinge mit meinem Partner kennen. Eine neue Ansicht, eine neue Art des Zusammenseins, eine neue Art des Lebens, wie zum Beispiel gemeinsame Musik, laut und mit Tanz verbunden. In die Berge gehen, am Kamin ein Gläschen Wein ...

Es hatte wirklich lange gedauert, die Dinge im Leben zu erkennen, die mir mein Geistführer schon längst in seinen Geschichten erzählt hatte.

Ich erkannte, dass das, was mein Geistführer mir schon sehr viel früher mitteilte, eine Geduldssache war. Immer, wenn ich energisch darum bat, mir zu helfen, egal um welches Thema es ging, fand ich heraus, dass alles viel länger dauerte als erwünscht. Mit ernsten Dingen brauchte ich nicht großartig an die oberen Helfer herantreten. Wenn ich Vertrauen und Geduld für Hilfe von oben aufbrachte, ging alles wie von selbst.

Immer, wenn ich verunsichert war oder gar zweifelte, an meinen geistigen Helfern oder an mir selbst, wurde mir von meinem Geistführer gesagt: *__Hab Vertrauen auf oben. Es ist ganz leicht, zu helfen.__*"

Mein neuer Partner lebte an einem Ort mit einer Verbindungsstraße zu einem Dorf, das ich sehr gut kannte. In diesem Dorf wurde ich geboren. Zufall? Oder gewollt, dass ich ausgerechnet dort den Mann meiner Zukunft kennenlernen sollte?

Wenn ich früher an diesem Hof vorbeigefahren war, der direkt an der Straße lag, dachte ich oft, dieses große Anwesen, Alleinlage mit sehr viel Grund, sieht so einsam aus. Ich konnte nie Personen oder Fahrzeuge dort sehen. So, als ob das Haus alleine lebte.

Mein erster Besuch bei ihm bestätigte mein Gefühl.

Als ich dieses Haus betrat, kam mir Kälte entgegen. Ich konnte überall Seelen wahrnehmen. Sogar ein Hund war dabei. Alle starrten mich an. Männer, Frauen, Bedienstete aus einer früheren Zeit. Das Jahr konnte ich noch nicht feststellen. Ihre Kleidung war die von Mägden und Knechten. Eine Frau trug eine Schüssel mit Kartoffeln auf dem Arm, die sehr schwer aussah. Eine andere Seele war wohl ein Knecht. Er lehnte auf einem Holzrechen und trug einen grauen Hut, der schlampig nach hinten gezogen war. Er nahm ein großes Tuch aus seiner Hosentasche und wischte sich über das Gesicht. Sein Blick war angestrengt und müde.

Man konnte sehen, dass dieser Mann oft auf dem Feld Arbeiten verrichtete, da sein Gesicht eine von der Sonne gerötete Haut aufwies.

Dennoch, diese Kälte kam nicht von den Seelen. Sie bringen so etwas nicht mit. Das große Gebäude trug die Kälte in sich.

In den Medien gab es oftmals Berichte, dass es in alten und verlassenen Häusern spukt und merkwürdige Dinge passieren. Beim Betreten des Hauses läuft einem der Schauer über den Rücken.

Mit diesem Wissen, man besucht so ein Haus oder Gebäude, ist unser Gruselmotor schon angelaufen. Jedes Knistern oder Klopfen erzeugt Angst und Unwohlsein. Zurückgebliebene Seelen können zwar ein schlechtes Gefühl in uns entwickeln, doch das ist nur das, was wir momentan wahrnehmen. Unsere Fantasie macht dann den Rest.

Häuser, in denen Verbrechen geschehen waren, werden gerne als Geisterhaus bezeichnet. Egal, was dort passiert war. Die Seelen können dort aus verschiedenen Gründen nicht weg. Sie wollen sich mitteilen, hängen fest oder wissen nicht, was mit ihnen passiert ist. Warum bin ich hier? Sie sind vielleicht einem Verbrechen zum Opfer gefallen oder hatten einen schrecklichen Unfall. Sie wurden zu früh oder zu schnell aus den Leben gerissen.

Ich habe noch keine Seele erlebt, die mir schaden wollte, wohl aber solche, die mich als störend empfanden, wie es bei denen in diesem Moment den Anschein hatte.

Nach einiger Zeit, und nachdem mein Partner und ich uns sehr gut verstanden, war es an der Zeit, ihm von meiner Gabe als Medium zu erzählen.

Wird er es verstehen, oder mich gleich verlassen?

Ich versuchte, es ihm so schonend wie möglich beizubringen, damit nicht ein falsches Bild entstünde. Schließlich musste ich meine Fähigkeit in meiner früheren Beziehung verschweigen.

Mein Partner war nicht überrascht. Nein, er glaubte sogar daran. Eigentlich war ich überrascht, von ihm eine solche Reaktion zu bekommen.

An einem freien Tag, als mein Freund in der Arbeit war, hatte ich das Bedürfnis, diese Seelen im Haus zu mir kommen zu lassen. Da ich schon einen Schlüssel besaß, war es ein ruhiges Kennenlernen ohne Störung von außen.

Es waren auch, wie bei meinem ersten Besuch, sehr viele Seelen für mich sichtbar.

Was ich von ihnen erfuhr, gab mir allerdings zu denken.

Ein Mann aus dem Jenseits, graues Haar mit einer Steintafel in der Hand hielt, in welche er gerade einen Schriftzug gemeißelt hatte, trat an mich heran und erklärte mir, ich hätte in diesem Haus nichts verloren. Er forderte mich auf, dieses Haus wieder zu verlassen, da es nur denen gestattet ist, darin zu leben, die in diesem hier geboren wurden. Jeder, der dieses Heim betritt, welches er nicht als sein Geburtshaus nennen darf, wird jenes wieder verlassen und niemals zurückkommen.

Laut meinen Informationen war es wirklich so, dass jeder, der in diesem Haus einzog oder bleiben wollte, gegangen war und nie wieder dieses Haus betrat. Ob angeheiratet oder in Beziehungen. Keiner von ihnen blieb.

So kann man sehen, dass auch Häuser eine Geschichte oder Regeln haben, von denen man oft nichts ahnt.

Nach diesem netten Rauswurf des Hausbauers, als Geist dieses Hauses, kam eine andere Seele auf mich zu. Es war der

Vater meines Partners. Ich erfuhr von ihm, dass er bei einem Autounfall verstorben war.

Ich kannte ihn nur von Erzählungen. Nun stand er neben mir und sagte: *„Bleib und kümmere dich um meinen Sohn. Er braucht dich."*

Neben ihm saß ein Schäferhund mit silbernem Halsband. Von diesem Hund hatte mir mein Partner auch schon erzählt. Ebenfalls ein damaliges Familienmitglied.

Nach dieser Erfahrung musste ich erst mal nach draußen. Meine Gedanken ordnen. Eine Zeit ohne Verstorbene verbringen.

Mit meinem Partner zu reisen, war eine schöne Abwechslung. So unternahmen wir eine Reise nach Italien.

Ich kannte dieses Land noch nicht und war begeistert von den Städten, Bergen und Seen.

Eine Zeit, die mich vieles wieder neu kennenlernen ließ, wie Gemeinsamkeit, Freude, Erholung und die Liebe.

Wir nutzten die Zeit für uns. Wir gingen wandern und machten ausgedehnte Radtouren.

Es war perfekt.

Drei Jahre pendelte ich zwischen meinem Wohnort und seinem, bis ich mich entschloss, bei meinem Partner einzuziehen.

Ich hatte das starke Bedürfnis, mich in meinen früheren Räumen, in meiner alten Wohnung, die ich für Jenseitskontakte ausgestattet hatte, von den Seelen zu verabschieden.

Es hört sich etwas komisch an, aber ich war der Meinung, ich müsste es tun.

Ich ging in mein Zimmer, wo meine Seelen mich besuchten und redete einfach nur darauf los. Es kam nichts von der anderen Seite zurück.

Ich hatte das Gefühl, sie zu verlassen. Im Stich zu lassen. Es ist natürlich völlig idiotisch. Doch ich hatte dieses Gefühl.

Ich dachte mir, ich sollte vielleicht diese letzte Nacht vor meinem Umzug in diesem Zimmer der Seelen verbringen. Ich lag lange wach und hörte einfach nur in mich hinein. Dabei konnte ich die Seelen nicht in Gestalt wahrnehmen, doch spürte ich, wie sie meine Hand streichelten und sehr eng an mich herantraten.

Ihre Blicke, die ich nur fühlte, aber nicht sah, waren alle auf mich gerichtet. Ich hatte das Gefühl, es waren nur Frauen, die auf mich zukamen. Helle Gestalten. Ich konnte keine Statur erkennen. Nur ihre Hände, die mich berührten, konnte ich mit der Zeit erkennen. Sie waren weiß, sehr hell und zart. Dieses Gefühl der Berührung war schön und doch bedrückend. Ich bekam kaum Luft, und mir ging es nicht besonders gut dabei. Es kam mir vor, als ob sie all meine Energie abzogen.

Die Seelen sprachen zu mir und sagten: *„**Margarita, wo du hingehst, gehen wir mit.**"*

Im gleichen Augenblick sah ich, wie damals in der Wohnung meiner Freundin Irene, Verstorbene, die mit Koffer vor mir standen und warteten. Umwickelt mit einem Seil streng befestigt, damit sich dieser nicht öffnet. Die Gestalten waren unterschiedlich. Jetzt konnte ich sie erkennen. Männer und Frauen zum Teil mit Hut und Kleidung. Bei den Herren war die Kleidung einfach. Mehr aus dem Arbeiterbereich, Handwerker. Die Frauen waren etwas schicker angezogen. Doch keine Damen aus gutem Hause. Es waren Bedienstete.

Es könnte natürlich auch sein, dass es noch Seelen waren, die sich in diesem Haus schon lange befanden. Ich hatte das Gefühl, sie lassen mich nie im Stich. Ich wusste, ohne meine Seelen kann ich nicht sein.

So war es eindeutig, dass ich in zwei Ebenen steckte. Ein Leben oben mit der geistigen Welt. Ein Leben unten als Mittlerin in der realen Welt. Es widerspiegelte sich immer, was ich bei der Rückführung meiner Freundin erlebt habe. Ich hing in der Luft zwischen zwei Welten. Ich hatte keinen festen Boden unter den Füßen.

Ein Leben nur in der geistigen Welt funktioniert nicht. Doch als Vermittler zwischen zwei Welten kann es sehr viel bewirken. All das, was ich unbedingt loswerden wollte, war das, was ich brauchte, um aufzuwachen.

Aufwachen für den nächsten Lernprozess.

Aufwachen in einer neuen Umgebung.

Aufwachen mit einer neuen Beziehung.

Oder nur für mich, um aufzuwachen, egal was kommt?

So dachte ich wieder an mein zukünftiges Zuhause im Haus meines Partners.

Ich musste natürlich herausfinden, was in diesem Haus passiert war. Warum wollte man mich oder andere nicht in diesem Haus sehen? Zurück in dem Haus meines Partners, versuchte ich erneut, einen Kontakt herzustellen und bekam auch sehr schnell die Seelen des Hauses zu sehen. Allerdings waren dies andere als beim ersten Mal.

Eine Gestalt konnte ich sehr gut erkennen. Nichts verschleiert, nicht in einen Nebel gepackt. Leider zeigen sie sich nicht immer so genau.

Diese Seele sah aus wie eine Magd aus einer sehr früheren Zeit, die ich dem 18. Jahrhundert zuordnete. Sie wirkte auf mich sehr jung. Ihr Gesicht war blass, und ihre schwarzen Haare blitzten nur wenig aus ihrer Kopfbedeckung heraus. Sie war mit einem langen grauen Kleid und einer Art Kopftuch, nach hinten gebunden, bekleidet. Ich fragte sie nach ihrem Namen, doch sie drehte sich von mir ab und zeigte in die Richtung, wo jetzt die Speisekammer war. Dann verschwand sie so schnell, wie sie kam.

Eine zweite Begegnung war ebenfalls mit einer Frau. Sie zeigte sich nur kurz, sodass ich eine genaue Beschreibung ihrer Gestalt nur vermuten konnte. Sie holte mit einem alten Eimer Wasser aus einem Brunnen, dort wo sich jetzt das Wohnzimmer befindet.

Ich fand all das interessant und hörte nicht auf, zu bohren.

An einem späteren Zeitpunkt bat ich meinen Geistführer, mir Bilder und Informationen aus diesem Haus von früherer Zeit zu schicken, in der die Seelen in diesem Hause gelebt hatten, um mehr herauszufinden, was damals war oder gar geschah.

„Mein Kind", sprach diesmal der Geistführer mich an,
„auf den Feldern mit Karren und Pferden
war das Arbeiten schwere Last.
Rücken schmerzte, doch jammern war nicht.
Ein Hund läuft schnell über das Feld."

Ich konnte mir gut vorstellen, was diese Menschen früher an schwerer Arbeit geleistet hatten.

Doch leider kam ich damit nicht weiter.

Ich wusste nicht, warum ich in diesem Haus nicht willkommen war.

Meine Bemühungen waren nun, die Seelen von mir fernzuhalten, damit sie sich nicht in mein Leben einmischten.

Wenn ich neugierig meinen Partner fragte, warum er seit Jahren in diesem großen Haus alleine lebt, erklärte er mir, er weiß es nicht.

Beziehungen, die er vor meinem Kennenlernen hatte, blieben nie sehr lange hier.

Wenn eine Partnerin einzog, blieb sie nur ein paar Jahre und verließ ihn wieder. Sein Zuhause wurde von keiner früheren Partnerin jemals wieder betreten. Auch seine damalige Ehefrau hatte sich so entschieden.

Ob alles nur an dem Haus und seiner Seelen liegt? Vielleicht war keine von ihnen hier glücklich? Vielleicht waren sie nicht willkommen. Die beiden Kinder meines Partners, die in diesem Haus geboren wurden, blieben oder kamen immer wieder zu Besuch.

Es hört sich so an, als wären Seelen böse oder besitzergreifend.

Verstorbene, die in gewohnter Umgebung bleiben, haben es schwer, Dinge, die sie nicht kennen, zu akzeptieren.

Ich versuche, die hängengebliebenen Seelen zu erlösen, indem ich sie wieder mit einem Gebet auf ihren Weg zu bringen versuche. Es erweist sich als nicht so einfach. Einige konnte ich nicht auf ihren Weg bringen. Ich glaube, sie wollen nicht. Egal, was sie festhält, mein und das Leben derer, die in diesem Gebäude leben, soll hier glücklich sein.

Ich glaubte fest daran, dass ich einen sehr großen Einfluss hätte, und mit einer gewissen Macht, die von mir durch meine geistigen Helfer ausgeht, etwas damit erreichen könnte, Frieden zu bekommen.

Die Kinder, die in diesem Haus geboren wurden, werden es immer in Ehren halten und nicht verkaufen. Doch niemand, der hier mit einzieht, wird bleiben. Ob Ehemann, Ehefrau oder Partner der geborenen Kinder.

Es ist meine Aufgabe, die Seelen, die hiergeblieben sind, zu führen und den richtigen Weg zum Himmel zu zeigen.

Glaubt mir, das ist nicht gerade einfach. Es ist kein angenehmes Gefühl, wenn man weiß, man soll dieses Haus verlassen. So sollte ich baldmöglichst versuchen, Ordnung in dieses Haus mit seinen zurückgebliebenen Seelen zu bringen.

Wie schafft es ein Haus, jemanden zu vertreiben?

Es gibt Filme und Berichte von wahren Begebenheiten, wie Geister die Menschen aus Schlössern und Burgen vertrieben. Vor sehr, sehr langer Zeit konnte man von diesen merkwürdigen, gruseligen, beängstigenden Geschichten schon hören.

Noch heute gibt es solche Geschichten zu erzählen.

Es gibt Menschen, die sich noch nie an einem bestimmten Ort wohlgefühlt haben.

Wenn man zum Beispiel jemanden besuchen möchte, und man fühlt sich nicht besonders wohl in seinen Räumen, warum auch immer, dann kann es an der Person liegen, die dort wohnt, oder an der Einrichtung der Wohnung selbst, wenn sie sehr kahl und nüchtern gestaltet ist, oder du weißt es einfach nicht. Es kann auch an einer Geschichte des Gebäudes liegen.

Geister eines Hauses oder einer Wohnung können Unmut und schlechten Schlaf über Jahre verursachen. Sie können Träume, gesundheitliche Probleme, schlechte Laune etc. hervorrufen, wenn sie sich noch im Gebäude befinden.

Meistens erkennt man es nicht, von was oder von wem es ausgeht. Doch Geister gibt es überall und man sollte nachfragen, welche Geschichte es rund um das Gebäude gibt, bevor man es bezieht oder kaufen möchte. Man kann davon ausgehen, dass sich immer noch eine Seele dort aufhält.

Dazu ein passendes Beispiel, welches ich auf Jahre hinaus miterlebe.

Einige Tage nach meinem Einzug musste ich übriggebliebene Gegenstände auf dem Dachboden verstauen.

Er ist sehr weitläufig, und eine Menge Dinge lagen da herum. Alte Möbel von den Eltern und Großeltern meines Freundes. Ich verstaute meine Sachen, so gut es ging, sehr eng zusammen an einem freien Fleckchen platzierend. Als ich versuchte, etwas Ordnung in diesen großen Raum unter dem Dach zu bringen, bemerkte ich einen alten Schrank am Ende des Speichers. Die Tür des Schrankes stand offen.

Als ich diese schließen wollte, schaute ich kurz hinein. Kleidung und andere alte Sachen lagen darin. Die Kleidung war zum Teil vom Großvater meines Partners. Mein Freund erzählte mir von seinem verstorbenen Opa, dass er immer die aktuelle Zeitung von seinem Enkel, meinem Partner, verlangte und er sie ihm immer bringen musste. Mein Partner war darüber oft nicht erfreut.

Er hatte einen gewissen Respekt vor ihm. Der Großvater war sehr streng.

Bei meinem Verlassen des Dachbodens verschloss ich die Schranktüre und kümmerte mich auch nicht mehr darum.

Einige Tage später musste ich dort wieder hinauf.

Nach einer kurzen Zeit bemerkte ich, dass diese Schranktüre wieder weit offenstand, obwohl ich sie damals gut verschlossen hatte.

Ich machte den Versuch, sie wieder zu verschließen und wollte am nächsten Tag wieder nachsehen, um zu überprüfen, ob sie wieder geöffnet war.

Seelen oder irgendwelche Energien konnte ich an diesem Tag nicht wahrnehmen.

Am darauffolgenden Tag sah ich nach, und die Tür war zu. Zwei Tage später. Die Türe war zu.

Hatte ich es mir nur eingebildet?

Vier Wochen später ging ich wieder nach oben. Ich hatte es nicht mehr im Kopf, nach der Schranktüre zu schauen.

Erst als ich größere Gegenstände neben diesem Schrank entfernen wollte, konnte ich es sehen.

Die verschlossene Türe war wieder offen.

Ich konzentrierte mich länger auf diesen Schrank und bekam einen älteren Herren davor zu sehen, in einer Kleidung, die eines Händlers sein konnte.

Ich sagte kein Wort. Er dafür umso mehr, doch sehr unverständlich. So, als würde er sich aufregen. Nach einigen Minuten konnte ich ihn dann doch noch gut verstehen.

Er sagte: *„Wo ist meine Zeitung?“*

Da war mir klar, aufgrund der Erzählungen, es ist der Großvater meines jetzigen Partners.

Meinem Freund erzählte ich daraufhin, dass ich seinen Opa auf dem Dachboden gesehen hatte.

Er schaute mich etwas fragend an und erzählte mir eine kurze Geschichte über seinen Opa. Viel war ihm allerdings nicht mehr bekannt.

Er sagte: „Der Schrank war das Einzige, was aus der Zeit aus dem Zimmer des Großvaters blieb. Deshalb war ihm dieser Platz vertraut. Mein Großvater war zu Lebzeiten Schweinehändler. Er hatte eine grobe Tonart an sich. Er war sehr ernst. Er trug immer die gleiche Hose, die er mit Hosenträger gehalten hatte. Er hatte nur für die Arbeit gelebt.“ Nach diesem Gespräch brachte ihm mein Partner die Zeitung auf den Dachboden und legte sie ihm vor den Schrank, so wie es vor seinem Tod in Ordnung war. Danach war Ruhe.

Bis zum heutigen Tage konnte ich den Großvater nicht mehr wahrnehmen. Die anderen Seelen schon.

Doch darum kümmerte ich mich in den kommenden Jahren. Es ist zwar ruhiger geworden, doch nicht zu Ende.

Nun wohnte ich schon zwei Jahre auf dem Hof, und es geschah nichts, was ich von den gebliebenen Seelen als störend empfand.

Ein Hund im Haus

Zwei Jahre, nachdem ich in dieses Haus eingezogen war, entschlossen sich mein Partner und ich, einen Hund auf den Hof zu holen. Haustiere hatte ich früher schon, doch keinen Hund. So hatte ich auch keinerlei Erfahrung damit. Da schon früher ein Schäferhund auf dem Hof gelebt hatte, war mein Partner mit mehr Erfahrungen gesegnet. Es sollte ein Schäferhund sein. Das war unser beider Wunsch.

Da wir in den Tierheimen aus unserem Gebiet leider keinen solchen Hund fanden, fragte ich mich im Bekanntenkreis um und wurde fündig. Die Familie der Welpen, die wir daraufhin aufsuchten, war mit neun kleinen Welpen in einem großen Abteil ihres Hauses gerade am Versorgen der kleinen Fellnasen. Die Hundemama war nur am Putzen der Rasselbande.

Einen Welpen hatte ich besonders im Auge. Eine Hündin, die sich immer abseits von den anderen bewegte.

Ich verliebte mich sofort in diese kleine Hündin. Ihre Augen waren zum Verlieben. Auf ihrem schwarzen Fell leuchtete ein kleiner Silberstreifen heraus.

Jede Woche besuchten wir unsere kleine Fellnase und gaben ihr den Namen Eyka.

Im Alter von 12 Wochen, an Christi Himmelfahrt, durften wir sie mit nach Hause nehmen. Es war eine Bereicherung und eine aufregende neue Erfahrung für mich.

Erst später fiel mir wieder ein, dass mein Geistführer mir einmal mitteilte, „ein Hund wird dich begleiten."

Ist Eyka dieser Hund?

Wir nahmen sie überall mit. Besonders in den Bergen fühlte sie sich sichtlich wohl. Autofahren liebte sie über alles.

Wandern, im Wald spazieren gehen. Alles das, was sich ein Hund mit seinem Besitzer wünscht.

Zu einem dieser Ausflüge möchte ich noch ein besonderes Erlebnis erzählen.

Als wir mit Eyka eine Reise nach Italien machten, war ein ausgiebiger Wandertag ein Tag, den ich als ein Dankeschön an einen Schutzengel weitergeben möchte – eine weitere Erfahrung für mich.

Wir gingen einen schmalen Wanderweg, mit Kies und teilweise Schotter ausgelegt, einen kleinen Berg herunter. Es war im September, und es wurden wenige Urlauber um diese Zeit gesehen. Es war ruhig und das Klima war optimal für diesen Tag. Unser Hund durfte mit langer Leine die Führung übernehmen, was er sehr gerne tat. Meist ein paar Meter vor uns. Man konnte nur einen Bach hören, die Vögel, unsere Schritte auf dem Kies, sonst nichts.

Als wir den Weg gelassen bergab wanderten, erschrak ich plötzlich, als völlig unerwartet ein Mann neben mir erschien. Dabei stieß ich an meinen Partner, der links an meiner Seite ging, so heftig, dass er ebenfalls erschrak.

„Warum drängst du mich von dem Weg ab?", fragte er mich.

Ich konnte in diesem Moment kein Wort sagen, da ich diesen Mann kurz darauf, einige Meter vor uns noch einmal zu sehen bekam.

Diese Gestalt war eine Geistererscheinung. Er zeigte sich als schmächtiger Mann mit sehr dunkler Hautfarbe, schmalem Kopf mit einigen tiefen Falten im Gesicht und sehr kurz geschnittenem Haar. Er hatte ein rotes T-Shirt mit bunten Querstreifen an. Sein Alter konnte ich nicht schätzen. Doch man sah, dass er Italiener war. Er winkte mit den Händen, als solle ich stehen bleiben und rief mir etwas auf Italienisch zu.

Während mein Partner noch auf meine Antwort wartete, holte ich gleichzeitig meinen Hund zurück an meine Seite.

Kaum hatte ich meinen Hund bei mir, kam wie aus dem Nichts ein Radfahrer hinter uns den Berg mit sehr hoher Geschwindigkeit heruntergefahren, sodass es, ohne die Warnung dieser Geistererscheinung, keine Möglichkeit gegeben hätte, so schnell zu reagieren.

Ein folgenschwerer Unfall wäre mit Sicherheit passiert.

Nicht nur mein Partner und ich, sondern auch der Radfahrer und unser Hund wurden davor beschützt.

Trotz damaliger möglicher Gefahr ein gutes Ende.

Ich danke diesem guten Geist für seine Warnung. Leider konnte ich nie feststellen, wer diese gute Seele war.

Eine nicht so gute Erfahrung hatte ich, als wir wieder in unserer Heimat waren und unserem alltäglichen Gassi-Gehen nachgingen.

Eines Tages kam, nach einem schönen Spaziergang, ein Tag des Schreckens. Unsere Hündin kam nicht mehr auf die Beine. Ihre hintere rechte Seite hatte eine Lähmung.

Der Befund der Röntgenaufnahmen beim Tierarzt brachte die Diagnose. Unser Hund hatte eine Hüftgelenksdysplasie. Lähmungen sind da nicht auszuschließen. Dazu kamen noch andere Gelenkbeschwerden.

Ein Hund, der immer in Bewegung ist. Jetzt sowas?

Ich musste irgendetwas tun. An einem ruhigen, gemütlichen Abend, mit Eyka an meiner Seite, versuchte ich, durch meinen Geistführer, den Erzengel Raphael zu mir kommen zu lassen.

Er ist der Schutzpatron der Kranken und der Tiere.

Es dauerte nicht lange, bis er mir erschien. Ich konnte nur Bruchteile von ihm ausmachen. Einen Engel zu betrachten ist nicht für uns bestimmt. Durch das sehr helle Licht konnte ich nur die Spitzen seiner Flügel wahrnehmen, die über den Rücken meines Hundes wanderten. Er deutete auf bestimmte Stellen der Wirbelsäule, des Beckens und der Beine hin.

Wollte er mir die Schwachstellen meines Hundes am Körper zeigen?

Ich vereinbarte einen Termin beim Tierarzt.

Mein Hund wurde nochmal genau untersucht. Ich deutete auf die Stellen, die mir der Erzengel Raphael gezeigt hatte, und ich bat um eine weitere Röntgenaufnahme.

Mein Tierarzt kam mit dem Befund für die Wirbelsäule. Er teilte mir mit, sie hat ein eingeengtes Rückenmark, verengte Wirbelkanäle. Es kann sogar zu neurologischen Ausfällen bis zu einer Querschnittslähmung kommen.

Ich dachte nur, was muss unser armer Hund alles aushalten. Hat Eyka Schmerzen? Erkenne ich es womöglich nicht?

Sämtliche Möglichkeiten der Behandlung hatte ich in Angriff genommen. Von Akupunktur, Therapien, sogar Heiler. Keiner konnte ihr richtig helfen. Die Kosten stiegen, und es kam keine Besserung.

Ich bat meinen Geistführer um Hilfe. „Was kann ich für meinen Hund tun, damit er gesund wird und ein schönes Leben führen kann, ohne Schmerzen, ohne Lähmung", fragte ich ihn.

Mein Geistführer sagte: *„Es ist ganz leicht. Heile deinen Hund selbst. Du wirst erkennen, was dein Hund braucht. Denke nicht in Zweifel."*

Damit konnte ich nicht sehr viel anfangen. Wie kann ich sie heilen? Zweifel werde ich wahrscheinlich trotzdem haben.

Ich besorgte mir Bücher über Heilmethoden.

Ich musste leider in einem dieser Bücher lesen, dass Hunde mit diesen Beschwerden nicht älter als acht Jahre werden. Nicht bei meinem Hund.

Ich ließ alles an Terminen streichen und nahm mir die Zeit, meinen Hund mit allem, was er brauchte, zu versorgen. Massagen, Akupressur, Futterumstellung, Spielen in gewissem Rahmen und Bewegung nach den Vorgaben meines Tierarztes und meiner Hündin. Das heißt: Ich machte alles, was sie will!

Keinen Tag meines Lebens, seit ich meine Hündin Eyka bei mir hatte, werde ich darüber jammern, was ich alles tun musste, um ihr zu helfen.

Ich freute mich jede Minute, sie bei mir zu haben.

Ich dankte dem Erzengel Raphael für seine Hilfe. Es gab noch andere Erzengel, die mir zur Seite standen. Erzengel Gabriel, Uriel und Michael.

So möchte ich, noch eine Geschichte erzählen, die mir mein Geistführer mitteilte, warum die frühere Seele meines Hundes Krankheiten, welche nicht repariert wurden, in die nächste Seele überträgt.

Aus der Geschichte ging hervor, dass die Seele von Eyka in einem früheren Leben ebenfalls als Schäferhündin gelebt hatte. Ihr Besitzer war damals ein Mann, vermutlich aus dem 18. Jahrhundert, der seinen Hund für die Jagd benötigte.

„Eines Tages ging der Jäger mit seinem tierischen Begleiter wie immer in den Wald, um nach Wild zu suchen und zu schießen.

An einem einsamen Ort kamen sie an einem Dorf vorbei. Die Einwohner waren über den Jäger nicht erfreut, da er ihr Wild schoss. Nahrung bezogen sie selbst nur aus dem, was der Wald herzugeben hatte.

Die Dorfbewohner wurden wütend und jagten den Jäger mit Mistgabeln aus dem Wald. Der Hund versuchte, seinen Herrn zu schützen und die Angreifer zu stoppen.

Daraufhin schlugen die Männer des Dorfes den Hund mit ihren Stöcken. Der Schäferhund lag schwer verletzt auf dem Boden. Die Bauern ließen ihn einfach liegen.

Die Verletzungen, die er davongetragen hatte, waren schlimme Rückenverletzungen durch die Schläge. Der Jäger kam an den Ort des Kampfes zurück, um nach seinem treuen Begleiter zu schauen. Er fand ihn schwer verletzt am Boden. Der Schäferhund kam mit den Hinterbeinen nicht mehr zum Stehen und konnte sich nicht bewegen. Die Wirbelsäule wurde stark verletzt.

Der Jäger wusste, seine Hündin würde es nicht mehr schaffen. Er konnte ihr nicht helfen.

Ebenfalls konnte er sie nicht mit einem Schuss erlösen, da die Dorfbewohner sonst wieder zurückkamen. Er legte seine Hand auf den Kopf des Hundes und ging ohne Worte. Der Hund verstarb."

Diese Geschichte war sehr traurig und erinnerte mich daran, dass sich die Seele des Hundes vom Jäger in meiner Hündin spiegelte.

Die Liebe zur Natur, die Wanderungen in den Wäldern. Ihre Rückenbeschwerden und die Lähmungen im Bereich des Beckens. Sämtliche Gebrechen, die in ihrem früheren Leben als des Jägers Begleiter mit den Stöcken verursacht wurden.

Alles passte, bis auf den Unterschied, dass ich meine Hündin niemals im Stich oder zurücklassen würde.

Ich möchte mit dieser interessanten Erzählung sagen, dass es immer wieder Ähnlichkeiten gibt, so wie es mein geistiger Helfer erzählte. Die Tatsache lässt sich nicht ausschließen, dass man öfter gelebt hat, und einiges die nachfolgenden Seelen wieder verarbeiten oder reparieren müssen. So wie bei jeder Seele. Ob Tier oder Mensch. Es reichte oft schon, für sie da zu sein und ihr, trotz körperlicher Beschwerden, ein gutes Leben zu bieten.

Ich hatte für eine Heilung bei meiner Hündin alternative Methoden angewendet.

Ich war dabei, soweit es geht, bei meiner Eyka mitzuhelfen, ihr früheres Leben zu reparieren. Wir hatten es gemeinsam geschafft, Altes zu richten und Neues zu beginnen.

Es half! Warum? Weil ich es machte. Das Vertrauen zu ihrem Besitzer, welches sie von ihrem früheren Leben als Jagdbegleiter nicht bekam.

Die Sprache eines Kindes

Bei meiner nächsten Klientin handelte es sich um ihr Kind. Sie erklärte mir, dass sich ihr fünfjähriger Sohn sehr merkwürdig benimmt.

„In welcher Weise?", fragte ich die Mutter.

„Mein Sohn spielt mit einem Geist. Im Kinder- und Wohnzimmer. Sonst in keinem anderen Raum im Haus."

„Spricht Ihr Kind mit seinem Spielgefährten?"

„Ja, als wäre er real."

Mein Sohn heißt Johannes und seine Spielgefährtin, so sagt er, heißt Marika.

Ich nahm mich der Sache an und fuhr am nächsten Tag zu ihrem Haus, wo der kleine Johannes schon vor der Tür stand und mich empfing. Er war ein sehr aufgeweckter Junge, mit lockigem Haar und Dinosaurier Hausschuhen. Der kleine Mann lenkte mich sofort in das Haus und redete ständig vor sich hin. Er redete so schnell, dass ich nicht einmal die Hälfte davon verstand.

Kurz nach meinem Eintreten schaute ich mich langsam um und konnte auf dem ersten Blick nichts Ungewöhnliches erkennen. Ein Wohnzimmer mit Küche, das den Anschein machte, dass eine Familie mit Kindern hier wohnte. Essen auf dem Küchentisch, welches die Kinder nicht aufgegessen hatten, das Wohnzimmer könnte man mit einem Spielzimmer verwechseln. Also alles völlig normal.

Ich fragte die Eltern noch einmal, ob sich irgendetwas in ihrem Haus oder Umfeld verändert hätte. Manchmal erkennt man daran, dass Kinder solche Dinge nur schwer oder langsam verarbeiten.

Sie verneinten es. Keine Veränderungen und keine familiären Probleme.

Ich nahm den kleinen Johannes an der Hand und ließ ihn mir sein Zimmer zeigen.

Er zeigte mir all seine Spielsachen und plapperte aus sich raus, was nur ging. Er fand es toll, dass ich da war. Als ich sein Kinderzimmer betrat, konnte ich weder starke Energien, egal in welcher Form, noch irgendeine Erscheinung feststellen.

Darauf wollte ich mit Johannes wieder ins Wohnzimmer zu seinen Eltern zurückkehren. Doch dann zog er mich auf dem Weg dorthin in einen anderen Raum. Dieses Zimmer war das richtige. Eine mit Decken gebaute Höhle und eine Burg aus Kissen waren zu sehen. Schon beim Eintreten konnte ich die verlorene Seele in Gestalt eines Mädchens sehen, die in der gebauten Burg saß. Sie war ungefähr sieben Jahre alt. Sie hatte langes schwarzes Haar und dunkle Augen. Ihre Kleidung war sehr einfach, nicht aus unserer Zeit. Ich fragte den Jungen, ob dies seine Freundin sei, und er erzählte mir die ungewöhnlichsten Geschichten.

Eine davon, erzählte mir der Junge mit einer sehr schnellen Ausführung. Sie handelte darüber, wie das Mädchen in seinem Zimmer erschien.

Johannes sagte: *„Ich bin in der Nacht aufgewacht, weil ich ein Lied gehört habe. Da stand das Mädchen einfach nur da und hat nichts gesagt. ‚Willst du spielen?‘, habe ich gefragt. ‚Du hast was Komisches an. Wer bist du?‘ Die hat nichts gesagt. Nur auf den Boden geschaut und ein Lied leise gesungen. Ich habe nichts verstanden. Dann bin ich wieder ins Bett gegangen. Gleich in der Früh habe ich geschaut, wo sie ist, doch erst spät ist sie wieder gekommen. Dann haben wir gespielt.“*

Ich richtete mich an das kleine Mädchen aus dem Jenseits und fragte es nach seinem Namen und warum es hier sei.

Es antwortete nur kurz: „Marika. Mama und Papa sind nicht da.“

Ich musste mich sehr gut konzentrieren, um Bilder ihres damaligen Lebens zu empfangen.

Es waren keine schönen Bilder. Dieses Mädchen wurde in diesem Haus vergessen und verbrannte in einem Feuer. Es könnte im Krieg gewesen sein. Tumulte waren sehr stark zu hören. Sie steckte durch dieses Erlebnis in diesem Haus fest. Ihre Eltern waren damals nicht in ihrer Nähe. Ich hatte von Johannes' Eltern erfahren, dass dies schon ein sehr altes Haus war und nach einem Brand wieder neu aufgebaut wurde. Von weiteren Geschichten dieses Hauses wussten sie nichts.

Ich sagte dem Mädchen, sie müsse mit mir kommen. Im ersten Moment reagierte es nicht darauf. Doch nach längerem Warten kam es zu mir. Ich „umschloss" es an meinem Körper und nahm es mit.

Wenn ich eine Seele „umschließe", meine ich damit, dass ich sie an meinen Körper ziehe, damit die Seelen an mir haften. So wurde es mir in der Schule meines Geistführers gelehrt. Allerdings ist es nicht ratsam, dies öfter zu tun, da es sonst für mich ein Problem wird. Nicht nur, dass die Seelen sich von mir nicht mehr richtig entfernen lassen, sondern sehr viel Energie und Kraft von mir nehmen. Körperliche Schäden können auch dadurch auftreten.

Durch ein Gebet ließ ich die Seele wieder in Gottes Hände.

Nach ein paar Tagen fragte ich telefonisch nach, wie es dem kleinen Johannes ginge. Die Familie war sehr froh, dass ihr Kind weder von seiner Spielkameradin noch von sonstigen ungewöhnlichen Dingen erzählte. Ich war nur sehr überrascht, dass die Geschehnisse nicht im Kinderzimmer, sondern im Nebenzimmer stattfanden. Ebenso war auch nichts im Wohnzimmer festzustellen. Die Informationen der Eltern waren doch etwas ungenau.

Oder sollte da noch etwas kommen?

Kinder sind sehr empfänglich, Kontakt von der geistigen Welt zu bekommen.

Ich bin ein gutes Beispiel dafür.

Ich denke mal, dass es den Eltern oft nicht auffällt, wenn ein fremder Fantasie-Spielkamerad oder andere ähnliche Fälle auftauchen. Die Fantasie der Kinder kennt keine Grenzen. In der heutigen Zeit hat man oft nicht den Blick dafür, ob es eine Fantasie des Kindes ist oder eben doch mehr. Man hofft nur, dass sie gesund und glücklich groß werden.

Bei meinem nächsten Besuch als Medium geht es um ein neunjähriges Mädchen.

Mir wurde von der Mutter mitgeteilt, dass ihre Tochter nachts seltsame Gestalten sieht und furchtbare Angst vorm Einschlafen hätte.

Ein paar Tage später besuchte ich die Familie, in der Hoffnung, das Mädchen habe nur schlechte Träume.

Als ich bei dieser Familie eintraf, wurde ich sehr herzlich empfangen. Es hatte sich bis zu meinem Eintreffen nichts geändert, und ihre Tochter schlief inzwischen bei den Eltern.

Als ich mit der Mutter das Zimmer des Mädchens betrat, konnte ich sehen, dass dieses Kinderzimmer nicht so aussah, dass von einer neunjährigen, wie ich es oft schon in diesem Alter erlebt hatte. Das Zimmer wirkte sozusagen wie geleckt. Alles war an seinem aufgeräumten Platz. Ich fragte die Mutter: „Wie kommt es, dass ein junges Mädchen so ein aufgeräumtes Zimmer hat?" Sie antwortete darauf: „Meinetwegen. Ich wollte nicht", sagte die Mutter, „dass Sie ihr Chaos im Zimmer sehen."

Mir wäre es lieber gewesen, ein normales, unaufgeräumtes Zimmer zu sehen. Es ist hilfreicher, Dinge, die wahllos im Raum liegen, ihrem momentanen Gefühlszustand zuzuordnen. Daraus kann man einiges feststellen. Ich höre mich schon an wie Sherlock Holmes. Während ich mich mit der Mutter des jungen Mädchens unterhielt, sah ich gleichzeitig eine grausam entstellte Frau an der Decke des Kinderzimmers hängen. Alt, hässlich mit langem grauen Haar und langen Krallen, die sich nach innen bogen.

Wie kam so ein Damon in das Zimmer eines neunjährigen Mädchens?

Mit viel Zeit und Geduld versuchte ich, diese Gestalt an mich zu ziehen, damit ich sie mitnehmen konnte. Mir wurde von der geistigen Welt nie mitgeteilt, wie man mit einem Dämon kommuniziert oder ihn entfernt. Ich fing an, zu beten. Immer und immer wieder zog ich diese Gestalt an mich. Es war beschwerlich. Mir wurde furchtbar übel dabei. Als ich den Raum verließ und die Treppe zu den unteren Stockwerken gehen wollte, war mein rechtes Bein wie ein Stein und schmerzte sehr. Diese merkwürdige Gestalt erreichte mich nach knapp einer Stunde und haftete sich an meinen Körper fest. Furchtbar. Ich wusste, dass dieses Wesen an meinem Bein haftete. Wie und was es war, erklärte mir mein Geistführer später. Ich gab diese arme Seele in Liebe frei.

Das Mädchen, so erzählte es mir, hatte seit längerer Zeit Probleme in der Schule mit Mitschülern. Sie wurde gehänselt wegen ihrer üppigen Figur. Es war voller Zorn und Hass. Dadurch entwickelte sie eine Figur ihrer Emotionen. Ihren Eltern hatte sie nie von ihrem Problem erzählt, damit sie die Schule nicht wechseln musste.

Es war für mich eine ganz neue Erfahrung.

Einige Seelen verkörpern den Zustand eines Menschen, in diesem Fall des Mädchens, welcher sich in Problemen oder Schuld und Kummer verkriecht. Dieses Mädchen hatte sehr große Probleme in der Schule und bei Freunden. Ausgenutzt, gemobbt oder nicht wahrgenommen zu werden, war der Auslöser einer Stimmung in ihr selbst, die ein Bild von Wut auslöste. So produzierte sie ein Wesen, welches sie nicht kontrollieren konnte. Sie musste schon sehr lange in diesem unglücklichen Zustand gewesen sein.

Ein Kind mit sehr viel Zorn und Traurigkeit.

Ihre Eltern erkannten zwar, dass ihre Tochter Sorgen hatte, doch in einer falschen Richtung. Sie sahen sie als selbstbewusst, klug und zielstrebig an. So wie sie sich für alle anderen gegeben hatte. Den Eltern gefallen, den Freunden gegenüber gerecht zu sein usw.

Doch all dies war sie nicht selbst.

Ihre darauffolgende Therapie bestand darin, über ihre wirklichen Probleme mit den Eltern zu reden. Keine Gestalten, egal in welcher Form kamen jemals wieder zu ihr zurück. Sie hat sich in den kommenden Jahren zu einem lustigen und freundlichen Teenager entwickelt. Sie war sie selbst.

Man sieht durch dieses Geschehen, dass sehr sensible Kinder sich in etwas hineinflüchten, von dem wir oft nichts ahnen. So war es das zweite Mal, dass ich eine Seele, diesmal dargestellt als Monster, mit meinem Gebet und der Kraft, die mir mein Geistführer gegeben hatte, entfernen konnte.

Ich erzähle hier von Monstern und Geistern, die ich an mich ziehe oder hafte. Für manche Menschen eine sehr merkwürdige Vorstellung. Genauso komisch dargestellt werden Poltergeister.

Poltergeister sind Seelen, die sich auf eine etwas andere Art bemerkbar machen. Durch Gegenstände, die sich bewegen. Durch Radio und Lichtflackern. Durch elektrische Geräusche, durch Träume oder Erscheinungen. Egal in welcher Form. Sie versuchen, uns zu kontaktieren.

Ein Beispiel gab es bei meinem Sohn. Er hatte das Alter von achtzehn Jahren erreicht, und er meinte, er sollte sich langsam eine eigene Wohnung nehmen. Er war nach längerem Suchen sehr froh, eine kleine Einzimmerwohnung in unserem Wohnhaus zu bekommen und zog einen Stock höher. Tür an Tür mit meiner Mutter, seiner Oma.

Eines Tages kam er zu mir und erzählte mir, ich solle mal nachsehen, was in seiner Wohnung los sei. Es spukt, sagte er. Schranktüren standen offen und der Toaster und die Waschmaschine liefen die ganze Nacht, ohne eingeschaltet worden zu sein. Da ich sehr neugierig war und der Sache nachgehen musste, verbrachte ich eine Nacht sehr unbequem auf dem Sofa meines Sohnes in seiner Wohnung und wartete auf das nächtliche Geschehen, das sich Zeit ließ.

Ich schlief irgendwann ein. Mitten in der Nacht wurde ich durch merkwürdige Geräusche, die sich in der Küche abspielten, aufgeweckt.

Sämtliche Küchenschränke und das Küchenfenster standen offen, und die Waschmaschine konnte man hören, obwohl sie nicht lief.

Ich versuchte mich sehr stark darauf zu konzentrieren, wer und was das sein könnte. Welche Seele hat diese Kraft, Dinge wie Schranktüren in Bewegung zu versetzen und warum?

An diesem Abend war es mir nicht möglich, eine Verbindung herzustellen. Erst am nächsten Tag durfte ich damit rechnen.

Es waren verschiedene Seelen, die versuchten, mit meinem Sohn Kontakt aufzunehmen. Warum?

Ich stand in der Küche meines Sohnes und ließ die Seelen zu mir kommen.

Eine Seele davon war ein junger Mann etwa zwanzig, dunkle Haare und nicht sehr groß. Er erzählte mir, dass mein Sohn große Sorgen habe und sie ihm nur helfen möchten, doch er es nicht will.

Für jedes seiner Probleme kam eine Seele, um meinem Sohn zu helfen.

Eine für die Hilfe bei Beziehungen. Eine nächste Seele, ihn aus der Einsamkeit zu holen und eine Seele für die Gesamtsituation. Und einiges mehr. Insgesamt neun Seelen waren anwesend. Nur um ihm zu helfen.

Dadurch, dass er sie nicht wahrnahm, mussten sie reagieren und ihrem Unmut freien Lauf lassen.

Er sollte aufmerksam gemacht werden.

Nach diesen Informationen war ein Gespräch mit meinem Sohn angebracht. Seine Probleme waren genau diese, die von den Seelen angesprochen wurden.

Als wir alles durchgesprochen und versucht hatten, Lösungen zu finden, war wieder Ruhe in seiner Wohnung eingekehrt.

Ehrlich gesagt, ich hätte es vielleicht nicht so schnell erkannt, dass mein Sohn mich braucht. Durch meine Arbeit und die Zeit, die ich mit meinen Klienten brauchte, übersah ich teilweise meine eigene Familie. Ich hatte nicht erkannt, wie ich in meiner Familie gebraucht werde. Die Seelen haben es mir erst deutlich gemacht. Seither gibt es keine unausgesprochenen Dinge mehr. Lösungen werden gemeinsam gesucht.

Ob Kind oder Erwachsener. Es spielt keine Rolle.

Im Laufe der Zeit hatte sich viel verändert. Nicht nur, dass mein Sohn langsam erwachsen wurde, sondern auch all diese Dinge, die mir durch meinen Geistführer mitgeteilt wurden und noch werden.

Der Waldarbeiter

Was ich gerne an einem freien Nachmittag einplane, ist ein Spaziergang mit meinem Hund.

An einem regnerischen April wollte ich, an einem terminfreien Tag, eine Gassi-Runde durch den Wald antreten, einen ruhigen Spaziergang über Waldwege und Wiesen.

Als wir unseren nahegelegenen Wald betraten, fühlte sich alles anders an als sonst. Es war ein gewohnter Weg, den wir oft nutzten, und doch war es an diesem Tag, als ob ich ihn das erste Mal ginge.

Die Sonne zeigte sich sparsam und blickte in kurzen Abständen durch die Bäume. Die Sonnenstrahlen schienen aus verschiedenen Richtungen in den Wald hinein. Die Farben des Waldes vermischten die Sonnenstrahlen zu einem wunderschönen Anblick der Natur. Die Bäume erschienen mir, als ob sie höher in den Himmel ragten als sonst, und man hörte intensiver das Aneinanderschlagen der Äste durch den starken Wind. Irgendwie bedrohlich und doch schön.

Als sich der Wind beruhigte und ich ohne große Gedanken meinen Weg weiter ging, empfang ich plötzlich ein Bild in meinem Kopf, das mehr einer Fotografie ähnelte. Ich sah ein altes Foto, dargestellt im Wald, mit einem jungen Mann darauf abgebildet. Er positionierte sich in gerader Haltung mit einem Bein auf einem Baumstamm stehend. Ein Karren war im Hintergrund zu sehen. Seine Kleidung war einfach. Graues Hemd und Hosenträger. Die Ärmel hochgekrempelt. Seine Haare waren kurz geschnitten, mit einem Seitenscheitel, der sehr tief angesetzt war. Es sah so aus, als hätte er sich vorher noch zurecht gemacht und seine Haare gekämmt.

Mit dieser Bilderscheinung konnte ich nichts anfangen. Weder, warum ich sie empfangen hatte, noch, was mir von der abgebildeten Seele damit gesagt werden sollte, oder sie eventuell mitteilen wollte.

Meine Neugier war deshalb groß, und ich fragte meinen Geistführer, der mir folgende Geschichte über diesen Mann auf dem Foto erzählte.

„Margarita, er war ein Mann nicht von dieser Gegend. Er war ein Wanderarbeiter. Mit Karren fuhr er von Ort zu Ort. Er stellte sich gerne zur Schau und war sehr unvorsichtig in seinem Leben. Sein Ansehen war ihm sehr wichtig, und er protzte mit lauter Sprache.

Er schlief oft auf Heu in einem Stall. Seine Gedanken waren ohne Sorge. Dadurch erkannte er oft Gefahren nicht.

Ein großer Baum kam vom Stapel ins Rollen und legte sich auf seine Brust.

Die Atmung ließ nach und nahm sein Leben mit zweiundzwanzig Jahren.“

Seinen Namen konnte ich als „Jakob" verstehen.

Ein junger Mann, voller Elan und Unbeschwertheit, ließ wegen einer Unvorsichtigkeit sein Leben.

Vielleicht werde ich dieses Foto, oder gar die Seele, irgendwann wieder sehen?

Vielleicht sogar mehr darüber erfahren? Es wird schon seinen Grund haben, bei einem Spaziergang diese Fotografie zu empfangen.

Ein treuer Freund

Eines Tages rief mich meine Freundin Irene an und fragte mich, ob ich nicht an einem zweiten Hund interessiert wäre. Ein Begleiter für unsere Eyka.

Er war ein Mischlingshund, etwa ein halbes Jahr alt. Ein Streuner aus Ungarn. Er wurde mit seinem sehr jüngeren Bruder in der „Puszta", vor ihrem Ferienhaus, aufgelesen.

Gemäß aller Vorgaben des Tierschutzes und des Tierarztes wurden die Hunde frei gegeben.

Als ich diesen Hund sah, fragte ich ihn: *„Willst du zu uns kommen?"* *Der kleine Hund sagte: „Ja."*

Ich hatte noch nie eine so klare Antwort von einem Tier bekommen. Die Aussage war anders, als wenn mein Geistführer zu mir sprach. Egal woher ich diese Antwort bekam. Er kam dankend in unsere Familie.

Wir kümmerten uns liebevoll um ihn. Doch noch etwas isoliert von meiner Hündin, damit er sich von der langen Reise erholen konnte, bis wir den Kontakt zu Eyka herstellten.

Ich war sehr überrascht, dass sie ihn sofort angenommen hatte. Sie lebte ja immer mit uns alleine auf dem Hof. Die beiden waren schnell unzertrennlich.

Diese Freude, jetzt zwei so wunderschöne Geschöpfe in unserem Haus zu haben, war ein Segen. Nicht nur für uns, sondern auch für meine Hündin Eyka.

Meinen Geistführer fragte ich über die Vergangenheit des jungen Rüden aus, der den Namen Lucky bekam.

Er erzählte mir: *__Als der Hund klein war, lebte er mit anderen Hunden, die er fürchtete, in einem dunklen Keller. In einem kurzen Moment, als der Mann die Tür offenließ, lief Lucky schnell von seinem Zuhause weg. Doch er kam zurück und holte seinen Bruder. Ein alter Mann zog sie auf, in der Absicht, sie zu verkaufen. Das war sein Plan. Doch Schläge bekam er nicht."*

„Monatelang liefen sie in der Gegend umher. Er hatte ein Loch gegraben zum Schlafen. Krähen mag er nicht. Fressen teilen mit Bruder war sein Geschäft. Mit Angst und Hunger liefen die zwei weit."

Das heißt: Die Verhältnisse waren nicht tiergerecht. Sie wurden zwar nicht geschlagen, doch glücklich waren sie auch nicht. Lucky hat auf seinen jüngeren Bruder aufgepasst und Futter, welches in der Stadt weggeworfen wurde, mit ihm geteilt. Die Krähen, die sich am Futter beteiligten, hatte er verjagt. Der Keller war zum Teil ihr Zuhause. Andere Hunde waren auch da. Der Mann hatte sie zum Verkauf gezüchtet, dass sich die umliegenden, einsamen Höfe einen Wachhund anschaffen konnten.

Als er die ersten Tage bei uns war, kam ein schreckliches Jaulen von Lucky nach seiner ersten Fütterung. Es war so ein merkwürdiger Aufschrei, den ich noch nie gehört hatte. Ich war so sehr darüber erschrocken, dass ich erst spät erkannte, dass er nur die Hälfte seines Futters gefressen hatte und die andere Hälfte für seinen nicht anwesenden Bruder aufhob. Sein Bruder sollte fressen. Da er nicht hier war, teilte er mit Eyka. Mit der Zeit erkannte er, dass das Futter für ihn alleine war. Genauso musste er erst das Trinken lernen. Wasser war ihm fremd. Seine Ernährung bestand aus Gras und Heuschrecken. Das wurde mir später noch von meinem Geistführer mitgeteilt.

Ein Hund mit einer anderen Geschichte. Jedes Wesen, egal ob Hund oder Katze, hat oder hatte eine besondere Art zu leben. Viele erleiden Schicksale, wie Straßenhunde, andere haben Glück und sind in guten Familien aufgenommen worden oder sogar aufgewachsen.

Wir sind dankbar, einen so unwahrscheinlich klugen, liebevollen Hund in unserer Familie zu haben.

Ich hoffe sehr, dass noch sehr viele Tiere dieses Glück in einer guten Familie bekommen werden und haben.

Den Bruder unseres Hundes Lucky nahm meine Freundin Irene auf. Gelegentlich treffen wir uns, damit die Brüder spüren, dass es ihnen gut geht.

Krähen verjagt er immer noch.

Tierkommunikation

Lange dachte ich darüber nach, Tierkommunikation zu erlernen. Besonders hilfreich, wenn man wie bei uns, Haustiere besitzt. Bei meinen zwei Fellnasen wäre es oftmals angebracht, mit ihnen zu reden.

Sie sind komplett verschieden. Eine Sprache entsteht dennoch. In ihrem Verhalten, im Tun, im Beobachten. Mit der Zeit kann man ein Muster ihres Verhaltens sehen.

So fällt schnell auf, was an dem geliebten Tier nicht stimmt, oder wenn sie dir etwas mitteilen möchten.

Ich besaß Katzen und jetzt Hunde. Doch die unterschiedlichsten Charaktereigenschaften konnte ich in jedem meiner Tiere feststellen. Interessant und lustig zugleich.

Bei meinen Hunden lief es folgendermaßen ab. Die eine hatte einen Ball und der andere will ihn haben. Mir viel auf, wenn meine Schäferhündin den Ball besaß, lenkte unser kleiner Rüde sie einfach ab, indem er völlig uninteressiert in eine andere Richtung ging. Meine Hündin ließ dabei immer ihren Ball aus ihrer Schnauze fallen und ging ihm nach. Mein Rüde allerdings nutzte diese Chance, sich den Ball dabei zu schnappen. Dieses wiederholte sich fast jeden Tag. Ein Spiel? Ein Ritual? Oder fiel meine Hündin immer auf ihn rein?

Im Normalfall braucht man nicht viel, um mit seinen Tieren zu sprechen. Sie verstehen uns ganz gut. Doch verstehen wir sie auch?

Ich wurde mehrfach angesprochen, ob ich nicht durch meinen Geistführer, mit Haustieren kommunizieren könnte.

Da ich auch mit der Seele verstorbener Tiere kommuniziere, wollte ich mich auf eine neue Aufgabe einstellen. Den Lebenden.

Meinen ersten Versuch startete ich mit meinen beiden Hunden.

Ich versuchte telepathisch, mit ihnen zu kommunizieren.

Schließlich bin ich hellhörig, damit ich die Tiere in meinen Gedanken hören kann, hellsichtig um festzustellen, wo sich das

Tier befindet, und „hellfühlend", durch meine empfangenen Gefühle, ihre momentane Stimmung zu erkennen.

Die Hündin sagte nichts und der Rüde war viel zu leise und zu faul zum Reden.

Nach mehreren Versuchen konnte ich doch noch eine Sprache der beiden verstehen.

Meine Hündin war kurz und klar mit ihren Worten. „Ja, nein, weiß nicht." Doch verstehen konnte ich sie gut.

Mit unserem Rüden musste ich noch viel länger üben.

Wochen später versuchte ich es mit den Katzen meiner Freunde und es lief sehr gut.

So nahm ich es in mein Programm als „Tierkommunikation" mit auf.

Eines Tages rief mich eine Klientin an und bat um meine Hilfe, ihre verschwundene, weggelaufene Katze zu finden, indem ich mit ihr Kontakt aufnehme, um feststellen, wo sie sich gerade befindet. Eine Freundin hatte ihr von mir erzählt, bei der ich schon einen positiven Versuch der Tierkommunikation mit ihrer Katze gemacht hatte.

Ich erzählte ihr, was die Katze gerade sieht und um sich wahrnahm.

„Sie hat Angst. Ich kann Maschinen hören. Ich sehe ein großes Haus mit einem alten, kaputten Dach."

Sie hielt sich vermutlich in einem Stall oder einer alten Scheune auf, was ich mit einem zusätzlichen Geruch, den ich noch empfangen hatte, eines Kuhstalles als mögliches Gebäude vermuten lässt. Sie hatte sich wahrscheinlich dort versteckt, um in Sicherheit vor den vielen Fahrzeugen, die ich auch noch hören konnte, zu sein. Durch ein Erlebnis, das ich nicht herausfinden konnte, verharrte sie in diesem Gebäude. Ich denke mal, sie hatte sich erschrocken oder musste vor etwas flüchten.

Man suchte in den umliegenden Gegenden, bei Bauernhöfen und alten Gebäuden, die der Aussage nahe lagen, ab. Fündig wurde die Besitzerin erst zwei Tage später in einer sehr abgelegenen Gegend, wo sie ihre scheue Kätzin nie vermutet hätte. In einem alten Schuppen, in dem Landmaschinen untergestellt waren. Verängstigt und hungrig nahmen sie sie wieder mit nach Hause.

Bei meiner nächsten Erfahrung durfte ich zwei Hauskatzen nach Hause bringen, wobei ich von einer, mir fremden, Frau plötzlich beim Einkaufen angesprochen wurde, ihre zwei Ausreißer, durch geistige Gespräche nach Hause zu schicken.

Sie sagte, sie wären sehr wertvoll.

Durch eine offene Tür machten sie einen Ausflug nach draußen.

Ich wusste zwar nicht, was für besondere Tiere sie besaß, doch ich versuchte, ihr zu helfen.

Mit viel Konzentration konnte ich zwei Katzen in der Nähe ihrer Wohnung feststellen. Die Kätzin war weiß, mit langem Fell und die andere grau. Ein Kurzhaar-Kater.

Ich konzentrierte mich auf die zwei Ausreißer und sah nach einer Weile, wie in einem Filmabschnitt in meinem Kopf, dass die weiße Katze umgeben war von Mauern, die nach frischer Farbe rochen. Fenster waren keine vorhanden. Jedenfalls konnte ich keine sehen.

Sie saß unter einer Öffnung und schaute nach oben. Sie verharrte ängstlich in dieser Stellung. Leider sprach sie nicht mit mir. Sie war so ruhig mit Worten, wie in ihrem Verhalten.

Was ich sah, teilte ich der Besitzerin mit, die sofort reagierte.

„Mein Gott", sagte sie erschrocken. „Das könnte bei unseren Nachbarn sein. Sie hatten eine Garage gebaut, und sie wurde vor Kurzem gestrichen."

Als sie sich sofort auf den Weg zur Baustelle machen wollte, kam auch schon der Nachbar mit der entlaufenen Mieze in seinem Arm entgegen. Er erzählte ihr, dass sie unter einem fensterlosen Ausgang, aus dem sie sich selbst mit einem Sprung befreien hätte können, saß und sich nicht bewegte. Sie hatte nur Angst.

Der zweite, graue Ausreißer, war für mich nur als ein Gefühl spürbar, keine Bilder, wie bei der ersten Katze, ebenfalls ganz in der Nähe. Ich konnte spüren, dass sie uns aus einem großen Gewächs beobachtete.

Ich sagte dieser Frau, sie sollte sich einfach nur vor die Eingangstüre ihres Hauses stellen. Sie würde dann schon kommen. *„Ich hatte doch schon alles abgesucht und ständig gerufen. Sie ist nicht in der Nähe"*, sagte die Frau schon etwas genervt. Ich sagte ihr: „Doch, sie wird kommen."

Trotzig und mit wenig Hoffnung stellte sie sich vor die Haustür und wartete ab. Ungeduld und Zweifel gaben ihr nicht die gebrauchte Ruhe. Sie entschloss sich, wieder in ihr Haus zu gehen und sich am nächsten Tag wieder auf die Suche nach der zweiten Rassekatze zu machen.

Kaum gedacht, in das Haus zurückzugehen, schlich die graue Kurzhaar-Katze, ohne dass es jemand bemerkt hatte, dass sie kam, an ihren Beinen entlang.

So waren beide Stubenkatzen wieder zuhause.

Jede Katze zeigt ein anderes Verhalten. Die eine läuft weg und wartet ab, wie in diesem Fall. Meist in der Nähe des Wohnortes, welcher ihr vertraut ist. Andere suchten sich vielleicht ein neues Heim und kamen nicht mehr zurück.

Diese beiden wussten, wo ihr Zuhause ist. Sie entfernten sich nicht weit.

Meistens erkennt man seine Katze an bestimmten Verhaltensweisen.

Die eine Katze – routiniert, immer den gleichen Weg. Eine andere ist mehr der Haussitzer. Manche streitsüchtig, andere sehr verschmust und lieb. Jede Zeichnung im Fell ist anders. Jeder Charakter ist anders. Dennoch erkennt man schnell, was und wie unser schnurrendes Haustier ist und ob es sich gut oder schlecht fühlt.

Am häufigsten suchten mich die Klienten bei einem Verschwinden ihres Haustieres auf.

Freudig musste ich immer wieder feststellen, dass sie meistens wieder von selbst den Weg nach Hause gefunden oder sich nie entfernt hatten.

Jedoch gab es auch Fälle, in denen ich das Haustier nicht mehr in dem lebenden Bereich erkennen durfte und mit Jenseitskontakt meinen Versuch der Kontaktaufnahme machen musste.

Abschied meiner treuen Begleiterin

Egal, welches Haustier uns ständig begleitet, es kommt leider irgendwann einmal der Tag des Abschieds. Bei meiner Hündin Eyka, die ich schon mehrfach in meinem Buch erwähnt habe, kam der Abschied für uns etwas überraschend. Viele Jahre hatte ich ihr mit Heilströmen, geistigem Heilen, Massagen usw. das Leben nach der Diagnose Hüftdysplasie, Problemen mit der Wirbelsäule usw. so angenehm wie möglich gemacht

Die Lebenserwartung meines Hundes wäre mit seinen Gelenken laut Untersuchungen nicht sehr hoch gewesen.

Durch meine regelmäßigen Behandlungen konnte ich viele Dinge leichter für sie machen.

Doch mit der Diagnose „Leukämie" hatte keiner gerechnet. Nicht einmal ich. *„Schau dein Tier an, und du erkennst, was ihm guttut und was nicht".*

Ich habe danach gehandelt, und ich wusste, was sie brauchte. Doch der Körper ließ andere Spuren da. Die man leider nicht sehen konnte.

Mein Geistführer gab mir zwar immer wieder Hinweise auf ihren Zustand, doch ich konnte nur die Gelenke sehen und handelte dementsprechend. Mehr nicht.

Eines Tages sagte mir mein Geistführer: *„**Margarita, der Hund schläft!**"*

Ich erkannte meinen Hund in dieser Aussage nicht.

Ein halbes Jahr, bevor sie den Himmel sah, kam eine Klientin zu mir und teilte mir mit, dass ihr geliebter Begleiter gestorben sei und sie Kontakt mit ihrem Rüden aufnehmen möchte. Ihr Hund litt an Krebs, der sehr spät erkannt wurde.

Da wusste ich die Worte des Geistführers zu ordnen. *„**Der Hund schläft!**"*

Diese dienten als Vorinformation des Todes eines Hundes.

Drei Wochen vor Eykas Abschied kam wieder eine Klientin zu mir und erzählte von ihrem Begleiter, der plötzlich umfiel und starb. Sie konnte nur eine leichte Schwäche vor diesem Vorfall an ihrem Vierbeiner erkennen und war auf dem Weg zum Tierarzt gewesen. Niemand konnte sich erklären, was mit ihrer Hündin passiert war.

Die Worte des Geistführers: *„Der Hund schläft!" Hunde, die ihren Abschied nahmen und einschliefen.*

Am Tag, als meine Begleiterin mich verließ, waren die Zeichen sehr deutlich.

Kraft, Atmung ließen bei ihr plötzlich nach, und ich musste mit ihr zum Tierarzt fahren, der mich gleich mit ihr in eine Klinik zur Abklärung schickte. Diagnose, Leukämie. Wasser in der Lunge usw.

Ich ließ sie nur einen Tag in der Klinik und nahm sie wieder mit nach Hause. Eine Woche später die Entscheidung. Da wusste ich, was Schmerz wirklich bedeutet. Mein Gefühl sagte mir, es ist bei ihr so weit. Mein Verstand sagte, nein.

Ich versuchte, mit Geistheilung eine Besserung ihrer Krankheit zu erzielen, doch als ich meine Hände wie so oft bei ihr auflegte, erschien ein ungewöhnlich helles Licht um sie. Ich war so erschrocken darüber, dass ich nicht gleich bemerkte, dass meine Hündin in den Garten wollte. Sie stand nur da und schaute sich zu mir um. Ihre Bewegungen waren unkontrolliert und wacklig. Ich wusste, ihre Zeit zu gehen war gekommen. Ich half ihr wieder ins Haus, auf ihren vorbereiteten Platz, damit sie sich schonen konnte.

Ich sah meiner Hündin in die Augen und sagte ihr, dass ich sie niemals alleine lassen werde.

Sie sah mich an, als wollte sie sagen, es ist gut.

Sie war ruhig und legte ihren Kopf auf meinen Schoß.

Dann wieder die Worte des Geistführers: *„Dein Hund schläft!"*

Wir hatten sie an ihrem Lieblingsplatz beerdigt und einen Ball, welchen sie sehr liebte, mit ins Grab gelegt.

An Christi Himmelfahrt kam sie zu uns, und genau zehn Jahre später, an dem gleichen Feiertag, verließ sie uns.

Einige Tage nach ihrem Tod versuchte ich laufend, meine Hündin über den Jenseitskontakt zu erreichen. Sie kam nicht.

Es war ein furchtbarer Zustand. Warum kann ich sie nicht sehen?

Wie es schon vielen meiner Klienten erging, gab es dann auch bei mir Zweifel, das Richtige getan zu haben.

Die Entscheidung zu treffen, sie durch den Tierarzt zu erlösen.

An ihren Lieblingsplätzen lag auch nach Wochen noch ihr Fell, obwohl ich alles nach ihrem Tod gereinigt hatte. Es sah aus, als wäre sie noch bei mir.

Einige Tage später meldete sich meine Hündin. Ich konnte sie immer vorher riechen.

Als ich an einem Abend in mein Arbeitszimmer ging, durfte ich sie endlich sehen. Sie war in Begleitung der beiden anderen vorher verstorbenen Hunde, die leider nur kurz für mich zu sehen waren.

Sie waren nur Begleiter.

Meine Hündin lag, wie vor ihrem Tod, unter meinem Schreibtisch, auf ihrer Hundedecke, die ich nicht entfernt hatte.

Ihre wunderschönen Knopfaugen sahen mich an, und sie sagte: „*Sei nicht traurig.*"

„*Schmerzen habe ich keine. Es ist gut so. Deine Entscheidung war mein Wille.*"

„*Deine Liebe erkannte ich immer, auch wenn ich nicht immer deiner Stimme folgte.*"

Sie meinte damit, sie folgte selten, wenn ich einen Befehl gab.

„*Kümmere dich um Lucky. Er braucht euch.*"

„*Danke für den Ball, doch er stinkt.*"

Das waren ihre letzten Worte. So war sie. So liebte ich sie.

Burgen und Schlösser

Mein Neffe, ein bekannter Bildhauer und Heimatpfleger, lud mich zur Besichtigung eines Schlosses in Bayern ein, um festzustellen, ob sich dort Seelen aufhielten. Er weckte mein Interesse, und ich nahm seine Einladung an.

Es war ein heißer Sommertag. Auf der Fahrt zum Schloss sah ich viele trockene Wiesen und Bäume.

Als ich dort ankam, fielen mir sofort die vernachlässigte Fassade und die durchlöcherten Fensterscheiben auf.

Die ganze Fassade war in einem sehr schlechten Zustand. Die Rahmen der Fenster waren zum Teil ausgebrochen, und es gab viele Risse im Mauerwerk. Der Anstrich des Schlosses war nur noch ein fleckiges Farbendurcheinander. Die Grundfarbe konnte man als Weiß noch erkennen, was mit den Spuren der Jahreszeiten mehr einen Grauton erkennen ließ. Es war nicht bewohnt.

Jedes Schloss, jede Burg hat Schäden. An der Außenansicht oder in den Innenräumen. Die Gelder für die Instandhaltung, für die Zugänglichkeit der Besucher, sind meist nicht ausreichend vorhanden, um diese Mängel zu beseitigen.

Es macht mich traurig, diese schönen Bauten in sich zusammenfallen zu sehen. Besonders, wenn jedes Bauwerk seine eigene Geschichte zu erzählen hat.

Als wir durch das Tor gingen, sah ich ein Kreuzgratgewölbe, das mich gleich in das 16. Jahrhundert zurückversetzte. Wehrhafte Mauern erinnerten gleich an die Zeit, in der die Kanonen und andere Feuerwaffen großen Schrecken verbreiteten.

Der damalige Umbau des Schlosses war in der ersten Hälfte des 16. Jahrhunderts. Wir standen im Hof und betrachteten die bröckelnde Fassade mit den morschen Fenstern.

Schon jetzt kamen, durch meinen Geistführer, genug Informationen vom Burghof, in dem ich mich nun befand, die ich sehen und hören konnte.

Ich betrachtete dieses Gebäude vom Schlosshof aus, den ein wunderschöner alter Baum zierte. Sein Geruch erfüllte den Bereich.

In einem der oberen Stockwerke, hinter den vielen Fenstern, konnte ich kurz Gestalten wahrnehmen. Sie bewegten sich schnell hinter den Fenstern. Mein Neffe erzählte mir daraufhin, dass dies die Räumlichkeiten der Herrschaften dieses Schlosses waren.

Mein Interesse galt merkwürdigerweise mehr dem Arbeiterbereich, der sich vor sehr langer Zeit in dieser Burg befand. Ich konnte sie stärker wahrnehmen als die damaligen Besitzer dieses Schlosses.

Im Erdgeschoss des Schlosses, direkt angrenzend, befand sich die damalige Küche. Die Scheiben der Fenster zur Küche waren teilweise kaputt und dreckig. Spinnweben verhinderten den direkten Blick ins Innere. Ein alter Rosenbusch stand vor einem der Fenster und wehrte ebenfalls mit seinen Dornen den Durchblick in den angrenzenden Raum der Küche ab. Der bröckelnde Putz an der Außenwand offenbarte dicke Steinquader.

Ich berührte die Außenwand, hinter der sich früher die Küche befand. Da verspürte ich sehr viel Bewegung. Starke Gefühle, wie Traurigkeit, Sorgen. Ein kurzes Kältegefühl kam in mir hoch.

Die Bilder, die mir mein Geistführer übermittelte, ließen eine junge Frau, mit blondem Haar und mit einem grauen Häubchen auf dem Kopf, mit stark verschmutzter, zerrissener Kleidung, die schon sehr oft meines Erachtens getragen wurde, gut erkennen.

Ebenfalls, von einem kleinen Mädchen, das am Fenster saß und hinausschaute, war ein fast perfektes Bild zu sehen. Die Kleine mit lockigem blonden Haar saß auf einem steinigen Absatz, welcher als Ablage von dreckigem Geschirr benutzt wurde. Sie hatte ein schmales Gesicht und war sehr blass. Ihre Kleidung war einfach. Ihre Beine schauten hervor, sodass man erkannte, dass sie keine Schuhe anhatte. Vom Aussehen her könnte sie vier Jahre alt gewesen sein.

Die Mutter der kleinen Dame, so konnte ich es sehen, war die, mit dem schmutzigen Gewand, die nicht älter als zwanzig Jahre gewesen sein durfte.

Die Arbeiten in der Küche nahm ich als sehr hektisch und unruhig war. Das Gefühl, das ich in diesem Moment hatte, war unangenehm. In meinem Kopf drehte sich alles und leichte Übelkeit kam in mir auf.

Jeder versuchte, in der nicht so großen Küche, so schnell wie möglich, seine Arbeiten gründlich zu erledigen.

Das Essen für die wichtigen Herrschaften im oberen Geschoß musste pünktlich serviert werden.

Jeder der Angestellten hatte seine Aufgabe, die exakt durchgeführt werden musste. Ich konnte fünf Angestellte sehen. Ob es mehr waren, ließ sich an diesem Tag nicht feststellen.

Drei Männer und zwei Frauen waren am Kochen und Putzen.

Einer der Männer, klein und schmal, fast die Statur eines Kindes, umwickelte Fleisch mit einem Tuch und steckte es, in einem angrenzenden dunklen Raum, hinter losem Stein, in das feuchte Mauerwerk.

Es sah so aus, als wäre es eine Art Kühlschrank. Mit einem weiteren großen Stein verschloss er den Eingang zu den dahinter versteckten Lebensmitteln. Es wurde sicherlich schon gerne einmal dieses und jenes entwendet.

Ich konnte meinen Blick von der Küche nur lösen, weil mich ein eiskalter Luftstrom durch die kaputten Fensterscheiben berührte. So war mein Denken schnell wieder in der Realität.

Wir begaben uns weiter an einen anderen Teil der Burg. Auch hier berührte ich erneut die steinige Wand des Schlosses. In einem der Räume, tief unter dem Schloss, waren Kammern, die ich durch meine geistigen Bilder ebenfalls empfangen konnte. Es waren kalte und nasse Unterkunfte weiterer Arbeiter.

Feuchte Wände. Erkennbar an den nassen Steinen, die durch das Moos grün geworden waren.

Weiter zu sehen in diesem Raum waren Holzrechen und ähnliche Gegenstände, die mehr an Feldarbeiter erinnerten.

Krankheiten, die sie durch diese durchnässten Kellerräume bekamen, die mehr an einen Kerker erinnerten, waren da keine Seltenheit.

Wer nicht mehr arbeiten konnte oder krank war, wurde ersetzt oder einfach vergessen.

Man kann sich in unserer heutigen modernen Welt diese frühere Zeit der Herrschaften und Bediensteten kaum noch vorstellen.

Ein Schloss, eine Geschichte und die Menschen, die dort lebten.

Von vergessenen Seelen, die wieder aufgeweckt werden wollen.

Was ich bei diesem Besuch, trotz der traurigen Bilder, die mir übermittelt wurden, feststellen durfte, war, dass die Außenansicht des Schlosses einen gewissen Charme hatte. Leider keine Mittel, um den Charme durch Erneuerungen, wie einen Markt im Innenhof oder Führungen, zu erwecken. Leider kommen so, manche Burgen und Schlösser mit ihren Geschichten in Vergessenheit.

Schottland

Das Land der Mythen, Legenden und Geschichten über Geister.
Mein Wunsch war es schon lange, nach Schottland zu reisen. Warum es ausgerechnet Schottland sein sollte, wusste ich damals nicht.

War es die wunderschöne Landschaft? Oder die Menschen dort? Ihre Geschichten von den Burgen, die mich magisch anzogen, mit ihren Geistern, die darin wohnten und laut Erzählungen auch dort noch spukten? Ich denke mal, von allem etwas hatte es mir angetan.

Meinen Geistführer fragte ich, ob es eine Aufgabe oder ein Urlaub für mich und meinen Mann sein sollte, in dieses Land zu reisen.

Seine Antwort lautete:

„Kleine Burg unscheinbar ist geben, findet Margarita nur eine Seele dort leben.

Erkläre diesem freundlichen Wesen, warum du kannst es sehen.

Verlasse Raum nicht ohne Ansehen zu geben, für ein Zuhause der Seele im Himmel leben.

Sie erkennen Sinn nicht mehr. Ist geben Antwort schwer.

Verbringe Zeit in knappen Reden und schicke sie in Gottes Segen.

Fahre hin und freue dich. Das Land mit deinem Gesicht. Nichts hält euch auf, so seid bereit, für die Reise in die Vergangenheit."

Nach dieser Information meines geistigen Begleiters war mir klar, ich musste dorthin reisen. Ich hatte eine Aufgabe zu erledigen. Wie genau diese Aufgabe aussah, wusste ich selbst noch nicht, obwohl mein Geistführer die Antwort längst gab, die ich aber als etwas verwirrend angesehen hatte.

Ich war trotzdem neugierig, was wohl auf mich zukommen würde.

Ich sollte den armen Seelen den Frieden bringen, indem ich ihre Geschichten anhöre, niederschreibe oder weitergebe.

Ich ließ mich auf diese schöne Reise mit einer Aufgabe und einem guten Gefühl ein und fuhr mit meinem Mann in das Land der Mythen und Legenden.

Da unsere bisherigen Reisen nie langweilig waren, nutzten wir die Möglichkeit, mit dem Motorrad dorthin zu fahren. So kann man dieses Land leichter erkunden. Eine Fahrt von insgesamt fünftausend Kilometern im September nach Schottland.

Das Wetter machte uns zwar etwas Sorgen, denn es schien, nicht besonders sonnig zu werden.

Schottland ist bekannt dafür, dass es gerne mit Regen und Nebel wirbt.

Nach einer langen Anfahrt von ungefähr tausend Kilometern zur Fähre nach Amsterdam und einer Seereise von sechzehn Stunden, kamen wir am nächsten Tag bei nicht erwartetem, gutem Wetter in Newcastle an. Endlich waren wir in Schottland. Unsere Weiterfahrt im Linksverkehr funktionierte sehr gut.

Nur sechs Tage, um das Land zu erkunden, lagen vor uns.

Wir starteten am folgenden Tag sehr früh und machten uns auf den Weg in die Highlands.

Die Landschaft, die Burgen, die Schafe, die mitten auf der Straße standen, waren einige Schönheiten, die wir gleich am ersten Erkundungstag kennenlernen durften. So stellte ich mir Schottland vor.

Jeden Tag durchquerten wir eine andere Seite dieses Landes.

An einem besonders schönen Tag kamen wir an eine Burg, von der ich schon früher einmal gelesen hatte und auf die ich schon sehr neugierig war.

Unser Besuch galt einer sehr schön gebauten Burg. Etwas abseits vom Festland, am Meer liegend. Der Zugang der Burg war nur durch eine langgezogene Brücke zu erreichen. Von einer gewissen Entfernung aus, kam, auch bei schönem Wetter, dieses steinerne Gebäude sehr geheimnisvoll, düster, mehr sogar, etwas gruselig in seinem Erscheinungsbild rüber.

Das Bild änderte sich aber, als ich direkt vor dem Burgeingang stand. Ein Gebäude aus altem Stein. Als ich die Burg betrat, stand ich sofort in einem sehr großen Raum, der mit vielen Schönheiten ausgestattet war, und man sah, wie es einmal dort ausgesehen haben könnte oder hat. Ein Saal mit großen Bildern, an der Wand, welche die Herrschaften zeigten, denk ich mal, die aus der Zeit der Besitzer dieser Burg stammen.

Eines davon fiel mir besonders auf. Das Bildnis einer Frau, die sehr traurig aussah. Ich empfand bei ihrem Anblick eine starke Unruhe in mir. Es kam mir vor, als würde ich von den Bildern beobachtet werden. Ich versuchte, einen geistigen Kontakt herzustellen, doch meine Verbindung zu der Dame auf dem Bild wurde durch etwas gestört. Leider konnte ich nichts hören. Es lag wahrscheinlich daran, dass sich sehr viele Besucher sich in diesem Raum aufhielten. Ich versuchte es später in einem anderen Raum. Der nächste Eingang war die Küche. Wie auch in den anderen Räumen, war die Küche mit fast lebensechten Figuren ausgestattet worden, die bei ihren Arbeiten als Köche und Bedienstete dargestellt wurden.

Sogar eine Katze wurde, unter einem der Tische, sehr gut dargestellt, so wie Geschirr durch einen Lautsprecher geklappert hatte. Fühlte sich sehr realistisch an, Respekt.

Was ich leider nicht in den nachgestellten Zimmern fand, war die Seele der Dame auf dem Bild. Vielleicht war sie für mich nicht bereit, mit mir zu kommunizieren.

Weitere abseits gelegene und weniger hergerichtete Zimmer fand ich in einem der oberen Bereiche. Ein steiniger Flur führte mich in einen kleinen eckigen Raum, mit einer steingeformten Sitzmöglichkeit, die genau vor einem Fenster aufgebaut war. Man hatte von hier aus einen wunderschönen Ausblick auf das Meer.

Ich schaute eine Zeitlang aus diesem Fenster und ließ mich den Wind spüren, der sehr auffrischte. Als ich mich kurz umdrehte, um nach meinem Mann zu sehen, damit ich ihm dieses wunderschöne Schauspiel zeigen konnte, erschrak ich fürchterlich.

Die Dame auf dem Bild stand plötzlich neben mir und sah traurig auf das Meer hinaus. Für ein paar Sekunden konnte ich nicht reagieren. Ich war schon vieles gewohnt, doch dieser kurze Augenblick machte mich sprachlos und wie gelähmt. Mein Atem war schwer, und mir war schwindlig. So einen merkwürdigen Zustand hatte ich noch nie erlebt. Mir ging es richtig schlecht. Noch nie war eine Seele so nahe an mich herangetreten. Normalerweise halten sie einen größeren Abstand.

Diese Dame hatte ein blau-graues, für eine Burgherrin, so schien es mir, sehr schlichtes Kleid an. Ihr Haar war hellbraun und zu einem Zopf geflochten. Ihre Gesichtsfarbe glich mehr jener einer Frau in Gefangenschaft, die wenig Sonne gesehen hatte. Blass, aber makellos. Eine sehr schöne Frau.

Als ich wieder aus meiner starren Haltung herauskam, fragte ich diese interessante Dame, die ich von dem Bild wiedererkannte, nach ihrem Namen. Es kam keine Antwort.

Sie ließ ihren Blick nicht vom Fenster zum Meer.

Ich schaute mich ein wenig in ihrem Wohnraum, dem Schlafgemach um und erkannte schnell, es wurde für eine Lady eingerichtet. Ich sah wieder alles wie in einem Film. Ich war hellwach und doch nicht in meiner Zeit.

Das Bett war sehr groß mit feinen herabhängenden Vorhängen an den vier Seiten, man kennt es als Himmelbett. Viele Kerzen, die trotz der kalten Mauern den Raum romantisch und warm erscheinen ließen.

Einen Schrank konnte ich nicht sehen, doch eine Kommode, die schön verziert an einer Wand stand. Ebenfalls mit vielen Kerzen geschmückt. Was mir besonders auffiel, war die stark abgebrannte Kerze neben der Dame, die auf einem Steinabsatz in einer Ecke stand. Der Wind, der durch das Fenster in das Zimmer wehte, ließ sie stark flackern. Nach der Betrachtung des Zimmers schaute ich wieder zur Dame. Sie war weg, und alles war wie weggespült.

Keine Dame, keine Kerze. Kein schön hergerichtetes Zimmer. Einfach gar nichts, als ob ich es nur geträumt hatte.

Ich war sehr enttäuscht darüber, dass ich mit dieser Frau keinen Kontakt herstellen konnte oder durfte.

Ich schaute mich noch einmal um und verließ diesen Raum, um mir die weiteren Räume der Burg anzusehen, die ebenfalls noch nicht hergerichtet wurden. Kalt und steinig. Nicht besonders interessant.

Ich kam in ein kleines unscheinbares Zimmer.

Dann, wie aus dem Nichts, eine Stimme, bei der ich nicht zuordnen konnte, aus welcher Richtung sie kam.

„Die gute Lady steht am Fenster. Die Kerze fällt auf ihr Kleid.", hörte ich jemanden schnell sprechen.

„Die gute Kleidung der Lady brennt.

Ich versuche, zu helfen. Ich schlage auf das Feuer. Die Lady schreit!

Es ist heiß. Mein Kleid brennt. Die Lady läuft aus dem Raum und schreit und schreit. Ich kann sie nicht mehr sehen.

Ich kann nicht denken. Mein Schmerz. Niemand kommt. Ich kann die Lady nicht finden!"

Es war still. Mein Herz raste wie verrückt. Was war da passiert?

Kurz konnte ich eine Frau ohne Gesicht, der Kleidung nach in der Gestalt einer Bediensteten, die mit Herz und großer Treue sprach, sehen. Ich übernahm in diesem Moment viele verschiedene Gefühle. Angst, Hilflosigkeit, Panik.

Wie mein Geistführer schon vor meiner Abreise nach Schottland erwähnte, nur eine Seele würde zu mir sprechen.

Leider konnte ich nicht herausfinden, wer diese tapfere, treue Bedienstete war, die ihr Leben für ihre Herrin opferte.

Ist es möglich, dass die Verbindung von der Herrin zu ihrer Bediensteten in einer großen Freundschaft bestand, die niemand erfahren durfte? Spukt deshalb Lady Mary in den Gemäuern, um ihre treue Vertraute zu suchen? Oder umgekehrt? Der Abstand zur Gesellschaft wurde schließlich früher sehr gewahrt.

Bei meinen späteren Recherchen im Internet konnte ich nirgends nachlesen, dass eine Bedienstete diese Frau gerettet hatte.

Ist es das, was ich niederschreiben soll? Das Leben einer treuen Vertrauten, die nirgends erwähnt wurde? Nicht über die Lady, sondern über das, was wirklich geschehen war? Eine sehr traurige Mitteilung, die mich noch sehr lange beschäftigen wird.

Bei Nachforschungen im Internet konnte ich lesen, dass im späten Mittelalter Lady Mary, die in dieser Zeit dort gelebt haben sollte, noch heute darin spukt und ihre Erscheinung bis heute gesehen worden ist. Wie sie gestorben ist, erfuhr ich jedoch nicht. Es ist an der Zeit, dass damals weniger wichtige Menschen erwähnt werden sollten, die sehr viel, in jeder Hinsicht gute Dinge, in ihrem Leben beigetragen haben. Egal, auf welche Weise, egal in welchem Jahrhundert. Besonders dann natürlich, wenn sie ein Leben retteten und ihr eigenes dafür opferten und es niemand erfahren hatte. Wenn doch, darüber vielleicht schwiegen.

Man kann immer wieder Geschichten von Geisterscheinungen hören, die in Burgen oder Schlösser gefangen sind und ihr Unwesen treiben. Sind es Seelen, die erwähnt werden wollten? Die auf der Suche sind nach der Wahrheit? Ich werde es in den kommenden Jahren bestimmt herausfinden.

Allerdings gibt es auch Geisterscheinungen, die mehrmals, als Frau in Grün oder in Weiß, in verschiedenen Burgen zu sehen waren. Vermutungen? Gewissheit? Oder nur ein Marketinggag, die dem Tourismus dienen soll.

Egal wie oder was, mit oder ohne Geist.

Alle Räume, die ich in dieser Burg betrachten durfte, ob mit oder ohne Erscheinung, waren es wert, zu besuchen. Es wurde sehr viel unternommen, das damalige Leben wieder für die Öffentlichkeit anschaulich zu machen. So hat man einen Einblick, wie man in sehr früher Zeit einmal leben musste.

Ein Muss für jeden, der dieses Land besucht: die Burgen Schottlands.

Die letzte Burg, die wir besuchten, war aufregend und lange in meinem Gedächtnis.

Auch diese Burg warb mit Geistererscheinungen, die sich dort zeigten.

Deshalb wollten wir sie unbedingt vor unserer Abreise besuchen. Dem Wetterbericht zufolge schien diese Fahrt mit unserem Motorrad dorthin trocken zu bleiben. Kein Regen, nur Wolken.

Nach ungefähr zweihundert Kilometern von unserem momentanen Aufenthalt entfernt, waren wir bei dieser prachtvollen Burg angekommen. Stolz, auf einem hohen Felsen gebaut. Diese Felsenburg aus dem 13.–16. Jahrhundert, ein berauschender, wunderschöner Anblick, war nur durch viele Treppen zu erreichen, um einen Blick, in die Vergangenheit zu werfen.

Ewige Geschichten dieser Burg werde ich hier nicht erwähnen, da es zu viele Bewegungen in den letzten Jahrhunderten gab. Mich interessierten natürlich nur die Geschichten der dort schon gesichteten Seelen.

Die Erscheinung einer Frau in Grün.

Ich war mit einer großen Erwartung in diese bekannte Ruine gefahren, doch erhofft hatte ich mir nicht zu viel, da es unterschiedliche Informationen aus dem Internet über diese Frau gab, die dort ihr Unwesen treiben soll.

Als wir die Burgruine betraten, war mein erster Gedanke, diese Frau in Grün, die dort gesichtet worden war, zu sehen und einen Kontakt herzustellen.

Als ich die ersten Räume, welche aus einem Mauerwerk aus Stein bestanden, ohne für mich besonders Interessantes zu erblicken, durchquerte, kam es mir jedoch vor, als ob ich beobachtet würde.

Ich konnte zwar keine Erscheinungen erkennen und ging weiter jeden einzelnen Raum ab, in der Hoffnung, den bekannten Geist der Frau zu sehen, von der schon geschrieben wurde.

Diese Burg war anders als jene beim Besuch davor. Keine Räume mit lebensechten Figuren oder Einrichtungsgegestände aus der früheren Zeit. Nur Mauern und Stein. Eine Ruine im guten Zustand. Auf ihre Art trotzdem etwas Besonderes.

Mittlerweile hatten mein Mann und ich einige Räume durchkämmt, als ich aus dem Nichts meinen Namen rufen hörte.

„**Margarita**", rief eine weibliche Stimme.

„**Margarita, komm!**"

Mein Hals schnürte sich zu. Ich konnte nicht richtig atmen.

Ich fragte, „**wo bist du?**"

Wieder nur ein: „**Margarita komm!**"

Wo war sie? Ich konnte sie nicht sehen.

Ich folgte der Stimme, von der ich mir erhoffte, mehr zu erfahren, wem sie gehört.

Doch wo ich ankam, waren nur weitere Räume, die man durch einige steinige Stufen nach oben erreichen konnte.

Fast an der obersten Stelle der Burgruine angekommen, hörte ich nichts mehr von dieser Seele, die meinen Namen laufend gerufen hatte.

Ich schaute mich um und sah, dass es darüber noch ein Stockwerk in der Burg gab. Ich blickte nach oben, um zu sehen, wie weit ich diese Burg noch erforschen konnte und erkannte, wie sich sehr viele Menschen in dem letzten oberen Teil aufhielten. Sie huschten und redeten an den offenen Fenstern, die ich von meinem Platz aus, unterhalb der Fenster, sehen konnte. Mein Wunsch war verstärkt, diese Räume noch zu besuchen, um einen möglichen Kontakt mit dem Geist in Grün herzustellen.

Was allerdings nicht so verlief, wie ich es mir vorgestellt hatte.

Ich ging zu dem Treppenaufgang, der zu den oberen Räumen führte, wo sich schon einige Leute, anscheinend, aufhielten.

Als ich den Treppenaufgang nach oben erreichte, war er versperrt, und für die Besucher nicht zugänglich.

Ich hätte erkennen müssen, dass diese Erscheinungen im oberen Stockwerk keine Besucher waren, sondern Seelen, welche Informationen an mich weitergaben, die ich nicht wahrgenommen hatte.

Denn viele Stimmen in sämtlichen Stimmlagen schlugen auf einmal auf mich ein, als ich davor meinen Platz unterhalb der Fenster wieder einnahm. Ich konnte nur männliches Reden hören. Schweißausbrüche und ein furchtbarer Druck auf der Brust erschwerten mir, mich auf das gerade Geschehene zu konzentrieren.

Dann konnte ich sie deutlicher hören:

„Unser Schiff mit Pulver und Nahrung konnten wir trotz starken Seegangs anlegen.

Die Männer waren schlampig. Der Herr wollte kein Geld zahlen, für unsere Ware.

Die Vernichtung der Burg war unser Gedanke. Die Burg soll brennen.

Lasst uns trinken, schrien die Männer.

Wir wurden in die Kirche zum Schlafen gebracht.

Es gab Rauch, so dicht wie Nebel. Die Tür geht nicht auf. Verschlossen mit einem Riegel."

Schnell und in Panik verlief dieses Gespräch der Seele, deren Name ich nie erfahren hatte.

Es wurde in den Medien berichtet, dass die Burg im Jahr 1297 von den Engländern zurückerobert wurde und die besiegten Soldaten in der Burgkirche eingesperrt und lebendig verbrannt wurden.

Nach meinen Informationen der Seelen sind die Seeleute, die Pulver und Lebensmittel per Schiff in die Burg brachten, in die damalige Kirche zum Übernachten gebracht und verbrannt worden. So brauchten sie den Seeleuten nicht die Schiffsware bezahlen.

In den Bildern, die mir zeitgleich von der geistigen Welt übermittelt wurden, konnte ich nur die Seeleute in der Kirche sehen und hören, aber – kein Rauch und kein Feuer.

Ich kann mir sehr gut vorstellen, dass keine konkreten Untersuchungen möglich waren, die den genauen Ablauf dieses Unglücks nach so langer Zeit feststellen hätten können.

Allerdings ist es genauso möglich, dass zu einem anderen Zeitpunkt gefangene Soldaten eingesperrt und verbrannt wurden.

Wie auch immer. Es war für mich eine sehr schreckliche Erfahrung, jene von Seeleuten, die ein schreckliches Bild lieferten.

Als ich mich einigermaßen von den mir zugetragenen Informationen erholt hatte und meinen Rückweg Richtung Ausgang nahm, kam wieder die junge, sanfte Stimme auf mich zu, die ich, wegen der Seeleute, kurzzeitig aus dem Sinn verloren hatte.

„Margarita, komm!"
Schon wieder dasselbe.

Mein einziger Gedanke war, dieser Stimme zu folgen. Ich stand an der Stelle, an welcher die Seeleute mir ihre Geschichte in Worten und Bildern gezeigt hatten. Ich stand still und hörte einfach nur zu.

Eine junge Stimme sprach plötzlich zu mir:

„Wo bin ich?", fragte sie.

„Die Menschen sind grausam.

Die Flucht meiner Mutter und meiner kleinen Schwester war die Burg.

Es ist nicht schön hier.

Die Männer sind lästig und gemein zu uns.

Mutter sagt: ,Versteck dich!'

Wir kommen von weit her. Sind schon lange unterwegs.

Mutter sagt: ,Halte dich still.'

Meine Füße tun mir weh.

Mutter war nicht schlau und wehrte sich.

Hat einen Mann geschlagen.

Ein kalter Kerker. Es ist nass und ich bin hungrig.

Lange waren wir mit anderen darin."

Ich hörte dieser Stimme eine Zeitlang zu und fragte sie nach ihrem Namen.

„Charlotte!"

„Wie alt bist du?", fragte ich sie.

„Weiß ich nicht.

Ich schau aus dem Fenster.

Hoffnung! Zukunft und Angst.

Ein alter Mann liegt da und sein Körper ist kalt.

Mutter sagt: ,Er ist im Himmel.'

Mutter sagt: ,Wir werden verhungern, wenn wir nicht schnell genug sind.'

Meine Schwester ist noch so klein und schläft immer. Ich kann sie nicht spüren. Ist sie auch im Himmel?

Die Tür geht auf, die Männer werfen Essen auf die Menschen.

Mutter wird getreten und geschlagen. Sie will das Essen fangen.

Alle schreien! Die Gebäude haben dicke Mauern. Niemand hört uns.

Alle schlagen gegen die Tür.

‚So macht jeder das Geschenk des Friedens‘, sagt Mutter. Ich will es nicht.

Eine Frau, groß, wird mit einem Stein aus der Mauer erschlagen.“

Ich fragte diese junge Frau, wie sie gestorben sei.

Ich bekam keine Antwort von ihr.

Was ich in diesem Moment wirklich wusste, war, es gilt, zuzuhören und ihre Geschichte, wenn auch manchmal ungenau, anzuhören.

Vergesst nie die Menschen, die für vieles gelitten hatten. Ob für die Freiheit oder nur fürs Überleben.

Menschen, unscheinbar und ohne Titel, kämpften, flohen, suchten Unterschlupf, doch keiner kannte sie.

Menschen, die Mut zeigten, die Hunger hatten, die im Kerker mehrere Monate eingesperrt waren. Ein Leben in Verzweiflung und Angst. Das sind diese Menschen oder, besser gesagt, die vergessenen Seelen, für die ich schreibe. Seelen, die wieder gehört werden wollen.

Jetzt versteh ich meinen Auftrag!

Meine nächsten Reisen führen zu den bayrischen Burgen.

Zurück nach Schottland wollte ich natürlich auch bald wieder.

Ich werde jede einzelne Geschichte, die mir die Seelen in verschiedenen Ländern mitgeteilt haben, erzählen.

Die kleine Kapelle

Meine nächste Erfahrung durfte ich in Bayern, in einem kleinen Ort, südwestlich des Starnberger Sees machen.

Es wurden einige Geschichten über eine kleine Kapelle erzählt und geschrieben, die dieses Gotteshaus schaurig, um nicht zu sagen, gruselig erscheinen lassen.

Man erzählt sich, dass im Jahr 1625 ein junges Mädchen einem Gewaltverbrechen zum Opfer fiel, begleitet von einem schwarzen Hund, dessen Heulen und Bellen immer noch zu hören war.

Angeblich sollen um die kleine Kirche fünf Brunnen in der Anordnung eines Pentagramms liegen.

Ich wollte mir diese Kapelle natürlich ansehen, um festzustellen, was ich dabei erfahre.

Als wir dort ankamen, war es schon eine längere Suche, diesen gruseligen Platz der Kapelle zu finden. Ein Hof, den wir als Erstes anfuhren, um nach dem Weg zu fragen, war wie ausgestorben. Es hatten sich sicherlich Personen dort aufgehalten, doch kein Mensch war zu sehen. Nur Tiere. Es war ungewöhnlich still, obwohl wir mit dem Motorrad nicht die Leisesten waren. Bemerkbar haben wir uns dann aber nicht gemacht.

Um nicht noch länger nach dem Weg zu suchen, fragten wir einen Bauern, den wir kurz darauf trafen, der uns bei der weiteren Irrfahrt half, den Weg zu finden. Als ich nach der Pestkapelle fragte, sagte er nur: *„Die heißt nicht so."* Ich merkte gleich, dass dieses Wort „Pestkapelle" nicht gerne gehört wurde.

Er war trotzdem sehr freundlich und erklärte uns den Weg, den wir dann auch schnell gefunden hatten.

Wir stellten unser Motorrad ab und gingen einige Meter einen Forstweg entlang, der uns direkt zur Kapelle führte.

Am Ende der bewaldeten Straße stand die kleine weiße Kapelle vor uns, so wie man sie aus den Medien kannte.

Als mein Mann und ich sie betrachteten, konnte man schon etwas Gruseliges darin fühlen, doch ich führte es darauf zurück, was in den Medien als schaurig berichtet wurde, dass man dieses komische Gefühl beim Betrachten schon mitbringt.

Ich näherte mich dem sogenannten „gruseligen Ort" und ging um die Kapelle herum. Was ich als Erstes sehen konnte, waren die Schilder der Kameraüberwachung und dass die Kapelle leider verschlossen war. Ich konnte es verstehen, da leider auch der Vandalismus vor diesem abgelegenen Gotteshaus nicht Halt machte und zerschlagene Fenster schon repariert werden mussten. Man erkannte es an den geflickten Fensterscheiben. Es ist traurig, und es macht mich wütend, wenn man solche oder andere Orte nicht auf anständige Weise besuchen kann.

Als ich die Kapelle von allen Seiten betrachtete, war mir im ersten Moment nichts besonders aufgefallen. Keine großartigen Erlebnisse, Erscheinungen, Stimmen oder Ähnliches.

Die Suche nach den erwähnten fünf gemauerten, im Wald verteilten, Brunnen waren zum Teil erfolgreich, das heißt, vier konnte ich sehen und begutachten, doch sie waren alle nicht besonders spektakulär. Den Erzählungen zufolge soll ein Priester dort ein junges Mädchen, das von einem schwarzen Hund begleitet wurde, tot in einen dieser Brunnen geworfen haben. Den Hund konnte man ja, wie gesagt, immer noch hören. Nach gut einer halben Stunde war ich irgendwie erleichtert, nichts herausfinden zu können, dass es vielleicht doch keine Verbrechen dort gab, aber auch enttäuscht, nichts Besonderes aus dieser erzählten, gruseligen Geschichte mit nach Hause nehmen zu können. Wir traten den Rückweg an.

Nachdenklich und in mich hineinhörend, mit einer Bitte an meinen Geistführer, mir mehr über diesen Ort zu erzählen, entfernten wir uns nur sehr langsam von dieser kleinen Kapelle. Ich blieb noch einmal stehen und drehte mich um, um ein letztes Mal diesen Ort zu betrachten.

In diesem Moment kam mein geistiger Helfer zu sprechen und erzählte mir aus der Perspektive des getöteten Mädchens seine Geschichte.

„Es war ein Priester geben, das war klar. Er hatte viele Dinge falsch gemacht in seinem Leben, oh wie wahr. Er war nicht der, den er vorgab, und er verdiente auch nicht diesen Stab. Der Priester ein junges Mädchen kannte, Hilfe suchte und zu ihm rannte. Ich glaub, ich bin krank, kannst du mir helfen gern, denn meine Zukunft ist noch fern. Ich werde dir helfen, dafür tust du dies und das in meinem Sinne gewiss. Ich werde nicht erlauben, was du zu erzählen hast.

Er ist nicht Verstand. Nahm sie in den Arm und würgte stark, so dass sie nicht mehr ihre Sinne vermag. Der Brunnen draußen ist gescheit. Da werfe ich dich hinein, und sieht mich keiner weit und breit.

Doch ein schwarzer Hund immer an ihrer Seite war, kam an den Brunnen und wachte Jahr für Jahr. Margarita konnte ihn hören, das war kein Ding. Ich war für den Gang nach oben hin.

Margarita konnte ich sehen sehr klar, wie sie um die Kirche herum marschiert war. Sie versuchte, mich zu erreichen.

Das Gefängnis, in dem ich stecke, musste noch viel mehr erwecken.

Ich erlaube mir zu sagen sehr, ein Mädchen mit blondem Haar und schwarzen Hund ist wesentlich mehr.

Viele Jahre kann man ihn hören. Ein Bellen, das nicht jeder vermag zu hören, doch es geht durch Mark und Bein.

Wie in den Geschichten, so viele Leben danach. Doch glaube mir, dass ich in keinen dieser Brunnen lag, denn niemand meine Überreste fand.

Der Priester nicht dumm, er weiß, wie er es macht.

Es ist wahr, was im Buche steht, der Hund immer noch bei mir ist.

Man hört ihn bellen, oft Tag und Nacht und Monate hält er still danach. Doch das junge Mädchen niemals gefunden war, denn ihre Knochen schon woanders war.

Ich habe gehofft auf solche Zeiten, um eine Mitteilung zu verbreiten. Es waren die Zeiten damals schwer. Ich versteh ganz gut, doch jetzt nicht mehr.

Geschichten erzählen sich weit und breit, wie ein Mädchen für einen Priester war bereit. Doch es stimmt nicht alles, was war, was wird erzählt. Bitte erlaube mir, es ist nicht zu spät."

Dem zufolge, was mein Geistführer wiedergab, musste ein armes hilfesuchendes Mädchen, mit Glauben an die Kirche, deren Türen immer offenstanden, sein Leben geben. Dieses junge Mädchen brauchte Hilfe und floh vor der Pest in diese Kapelle.

Das Mädchen dachte, es wäre krank und bat um christlichen Beistand.

Aufgrund dieser Geschichte, die mein Geistführer auf seine ungewöhnliche Weise mitteilte, konnte man feststellen, dass dieses Mädchen kurz nach seinem Tod zwar in den Brunnen geworfen wurde, doch später im Wald begraben wurde, so dass niemals seine Überreste gefunden worden waren.

Was den Hund betrifft, ist es wahr, laut der geistigen Aussage, dass es ihn gab, doch es war nicht der Hund des Mädchens, sondern ein herrenloser Hund, der immer wieder bei diesem jungen Mädchen auftauchte.

An dem Tag, als der Priester dieses Mädchen in den Brunnen warf, war der Hund immer in sicherem Abstand. Er stand nur am Abend an dem Brunnen seines Leichnams. Egal wo er die Tote später vergraben hatte. Dieser Hund war immer da.

Ich konnte ihn bei unserem Rückweg hören. Das Bellen eines großen Hundes. Weit weg. Aus dem Wald. Es überkam mich kein Schauer, nein, tiefe Traurigkeit trifft es eher. Ich war den Tränen sehr nah.

Anfangs dachte ich, es wären vielleicht die Hunde des Hofes, welchen wir als Erstes besucht hatten, um nach dem Weg zu fragen. Doch was wir anfangs als merkwürdige Stille an diesem Hof empfanden, war beim Rückweg ein lebendiges, lebhaftes Tun. Kleine Hunde bellten spielerisch herum, und die Hofbesitzer schrien, was nur möglich war. Eine freundliche Gesellschaft.

Diesen, für mich persönlich sehr besonderen Besuch dieser Kapelle werde ich bestimmt nie vergessen.

Die Burg der Hexen

Unsere nächste Tour war der Besuch einer Burgruine in Garmisch-Partenkirchen.

Es heißt, in dieser Burg wurden Hexenveranstaltungen und Hexenverbrennungen in den Jahren von 1589-1591 mit Folterungen durchgeführt.

Als wir die Burg erreichten, war der Anblick nicht besonders aufregend.

Eine Ruine halt. Am Eingang zur Burg, ein Durchgang aus Steinen, in dem einige kleine Fenster zu sehen waren, die, wie es scheint, einmal zusammengeflickt wurden.

Im Innenhof konnte man die Ruine besser sehen, da ihre Bauweise mehrere Steinbrocken einer größeren Burg erkennen und im richtigen Licht geheimnisvoll erscheinen ließ.

Egal, wie sie sich präsentierte, ich hatte mir mehr erwartet.

Doch Ruine ist Ruine.

Meine Anwesenheit schien die noch dort lebenden Seelen nicht so besonders zu interessieren, da keinerlei Aktivität entstand.

Als mein Mann und ich uns entschlossen, diese Burgruine wieder zu verlassen, hörte ich eine für mich laute, gut hörbare Stimme, die rief: „*Margarita!*"

Ich deutete meinem Mann, noch etwas zu warten, diese Burg noch nicht zu verlassen, und horchte weiter.

„*Erlaube mir, zu reden*", sagte eine Frauenstimme.

„*Mein Name ist Maria. Du kannst mich nicht sehen, doch hören.*

Vieles ist nicht wahr, was einst mal war, gute Frau.

Will reden, was wirklich geschah.

Die Männer waren sehr gemein, zu jeder Frau."

Es vermischten sich die Stimme der Seele und die meines Geistführers.

Es war nicht so einfach, alles genau zu filtern.

„Höre meine Stimme, und pass gut auf", sagte Maria.

„Ich bin eine Frau des Hexenbrauchs. Männer im Dorf mich nicht mochten. Frauen machen den Hexenkult in manchen Orten.

Hexe wurde sie bezichtigt dann, obwohl keiner etwas sehen kann. Maria war mein Name geben, und ich hatte kein besonders schönes Leben. War dabei, bei manchen Treffen, die sich aber nicht in Hexenkult sich lenkten. Doch Singen war geben, das war klar. Für manche Tag und paarmal im Jahr."

„Margarita, schreib auf, was diese Frau sagt", kam zwischendurch von meinem Geistführer.

„Sollte am Scheiterhaufen brennen, so wie ich war. Im Dorf, sie schlugen mich mit Stöcken auf meine Glieder.

Ich sollte laufen, so schnell ich kann, doch es war umsonst, was ich weggerannt.

Ich hatte Fehler gemacht, das war mir klar, diese Sitzungen im Wald, die waren wahr.

Doch kein Grund, mich an Feuer zu brennen, ich wollte nur noch wegrennen.

Ich war noch nicht alt. Es war ein Tag, es war sehr kalt. Gefangen war ich in einem Käfig, wie ein Tier und schläfrig. Ich wollte selbst nicht mehr. Margarita, ich sage dir, der Gang zum Scheiterhaufen war sehr schwer. Leute riefen und schlugen nach mir, ich habe doch nichts getan hier.

Besinn los war ich schon sehr, als ich den Haufen mit dem Holz vor mir her. Gebunden haben sie sehr fest meine Gelenke, und ich musste an Gott denken. Liebe in mir langsam verlor und auch das Singen war nicht mehr im Chor.

Doch ich ließ es zu, es war Zeit.

Ich war für den Scheiterhaufen bereit.

Die Luft blieb weg, es war sehr heiß. Ich wollte nicht schreien, doch ich musste auch, wie alle anderen, in den Rauch. Mein Kleid brannte sehr, und ich schrie dann nicht mehr. Der Rauch mich brachte in Bewusstlosigkeit. Doch was ich empfand, war nicht sehr schlimm, diese Wärme um mich herum gewinnt.

Doch glaub mir, du Frau, in Sehen weiten Blicken.
In meiner Zeit war alles klar, Maria, die da.
Sie hat komische Kleidung an, das sag ich dir.
Das Vieh frisst nicht, was für ihn hier.
Die Felder trocken, der Regen nicht kommt. Es ist die Frau, die
spricht mit dem Mond.
*So erlaubten sich auch einige Menschen, einen Scheiterhaufen
zu errichten.*
Die Frau, nicht jung, auch nicht alt, muss vor das Gericht. "

Wenn man solche Geschichten der armen Seelen hört, ist es oft
unvorstellbar, was sie in ihrem Leben erleiden mussten.

Diese Frau war in etwas hineingeraten, was man früher als
heimliche Treffen bei Mondschein und als Hexenkult verurteilte.

Das Singen mit den anderen Frauen war für Maria eine schöne Erfahrung, mit Zusammenkunft und Freude, sonst nichts.

Dass sie deshalb, unter Verdacht kam und der Hexerei be-
schuldigt wurde, war ihr, denk ich mal, nicht so klar.

Das Vieh frisst nicht. Die Felder verderben. Der Regen bleibt
aus, oder es ist die Pest.

All diese Vorkommnisse wurden schnell als „verflucht" ver-
schrien.

Es musste ja jemand dafür verantwortlich gemacht werden.
In diesem Fall waren es die Frauen, die, im Licht des Mondes,
in dieser Burg Lieder zusammen sangen.

Vergessenen Seelen zu helfen, Wahrheiten aufzudecken. Das ist
der Weg, den ich gehen soll und der mich an solche Orte führt.

Es wird nicht der letzte Ort sein, den ich besuchen werde.

Ausklang

Erst nach Jahren musste ich erkennen, dass es wichtig ist, seine hilfreichen geistigen Fähigkeiten, wie den Kontakt mit Engel, nicht zu verstecken oder zu ignorieren.

Ich habe lange gebraucht, von meinen Fähigkeiten jemandem zu erzählen oder es mir anmerken zu lassen, was sich in meinem Leben an ungewöhnlichen Dingen durch die geistige Welt abspielte.

Jedes Geheimnis ist anstrengend und macht nur Stress.

Ich hatte mir diese Fähigkeit, mit einem Geistführer oder Verstorbenen zu kommunizieren, nicht ausgesucht.

Ich wurde ausgesucht.

Nehmt an, was kommt, und gebt es in guten Dingen weiter!

So wird es mir immer wieder von der geistigen Welt mitgeteilt.

Egal ob du reich oder arm bist oder ein ganz normales Durchschnittsleben führst, jeder ist für etwas bestimmt. Wie man es erkennt, ist oft eine Kunst.

Man kann es oft nicht sehen. Oder man will es nicht sehen. Horche in dich hinein, dann kannst du es vielleicht hören.

Wenn man mittendrin in eine wundervolle andere Welt eintaucht, auch wenn sie in unsere normale Welt nicht passt.

Egal wie unser Weg bestimmt ist. Wir werden von den Engeln geführt, damit wir mit guten Herzen wirken.

Das Wichtigste im Leben ist die Liebe. Ohne sie funktioniert nichts.

Die Autorin

Margarita Osl, 1961 geboren und aufgewachsen
in Bayern, schreibt in ihrer Autobiografie über ihr
Leben als Medium, über das Zurechtfinden zwischen zwei Welten, über Zweifel und Ängste, vom
Dagegen-Ankämpfen bis zum Akzeptieren einer
besonderen Gabe. Bereits als Zehnjährige hört
sie Stimmen, die sie nicht zuordnen kann, sieht
Menschen, die nicht real sind und spürt Berührun-
gen, die nicht tatsächlich stattfinden. Auch bedingt
durch ein familiäres Umfeld, das ihre Erzählungen
darüber als Fantastereien abtut, versucht sie, sich
dagegen zu wehren und die Erscheinungen zu
ignorieren. Erst als Erwachsene akzeptiert sie, dass
es sich um eine Gabe handelt, Kontakt mit dem
Jenseits herstellen zu können, um anderen zu helfen. Sie beginnt, sich fortzubilden, hält Vorträge zu
diesem Thema und arbeitet als mediale Lebensbe-
raterin. Diese Tätigkeit wird zum Lebensinhalt. Die
Autorin lebt und arbeitet in Deutschland.

Der Verlag

Wer aufhört
besser zu werden,
hat aufgehört
gut zu sein!

Basierend auf diesem Motto ist es dem novum Verlag
ein Anliegen, neue Manuskripte aufzuspüren, zu ver-
öffentlichen und deren Autoren langfristig zu fördern.
Mittlerweile gilt der 1997 gegründete und mehrfach
prämierte Verlag als Spezialist für Neuautoren in
Deutschland, Österreich und der Schweiz.

Für jedes neue Manuskript wird innerhalb we-
niger Wochen eine kostenfreie, unverbindliche
Lektorats-Prüfung erstellt.

Weitere Informationen zum Verlag und
seinen Büchern finden Sie im Internet unter:

w w w . n o v u m v e r l a g . c o m